HÜHNERSTÄLLE SCHWIMMEN NICHT

UND DAS LEBEN IST KEINE DOKU-SOAP

AF187250

für alle guten Rockbands da draußen

für meinen Bruder Robert

und für all jene, die mich gefragt haben,
wann man denn die verrückte Geschichte
endlich wieder kaufen könne

DANKE

Bibliografische Information der Deutschen Nationalbibliothek: Die Deutsche Nationalbibliothek verzeichnet diese Publikation in der Deutschen Nationalbibliografie; detaillierte bibliografische Daten sind im Internet über http://dnb.dnb.de abrufbar.

Cover: Canva / Kayleigh Leiser
Korrektorat: Heike Brillmann-Ede
Label: Cargo 44

2009 erstmals erschienen unter dem Titel *Starkstrom*, Thienemann Verlag, Stuttgart. *Hühnerställe schwimmen nicht* ist eine verschlankte, überarbeitete Neuausgabe.

Herstellung und Verlag:
BoD – Books on Demand GmbH, Norderstedt
ISBN 978-3-746-02496-7

2008

war das Konzert von AC/DC in Zürich
innerhalb von 29 Minuten ausverkauft.
Ich hatte kein Ticket.
Am Abend, an dem AC/DC die Stadt rockte,
gab ich mein Manuskript mit den verrückten
Erlebnissen von Jonas und seiner Familie ab.

2009

erschien die Geschichte unter dem Titel *Starkstrom*.
Sie war nicht nach 29 Minuten ausverkauft.
Auch nicht nach 29 Tagen.
Und auch nicht nach 29 Monaten.

2014

war das Buch vergriffen, und ich holte mir
die Rechte an *Starkstrom* zurück.
Es dauerte viel länger als
29 Monate, 29 Tage und 29 Minuten,
bis ich mich damit an eine Neuauflage machte.

2018

ist es nun so weit. Aber zu spät für ein AC/DC-Konzert.
Diese Geschichte spielt im Jahr 2008.

Herzlich
Alice Gabathuler

1

T.N.T. In voller Lautstärke kracht das Dynamit von AC/DC aus den Kopfhörern in Jonas' Ohren, die volle Dröhnung von aggressiven Gitarren, hämmernden Beats und einer Stimme wie eine Kreissäge. Jonas liegt auf dem Bett, die Faust in die Höhe gereckt, und zeigt dem Leben den Mittelfinger.

Der Song endet in einem tosenden Finale. Im stillen Riss zwischen den Liedern hört Jonas Regentropfen auf die Dachziegel prasseln. Dann wummert der erste Glockenschlag von *Hells Bells* gegen seine Schädelwände. Beim dritten Gong knattert der Pressluftbohrer von Nachbar Danuser los, so laut, dass ihn Jonas trotz der Kopfhörer hört. Danuser, dieser Irre! Gräbt seit zwei Jahren rund um sein Haus nach Sondermüll, rastlos, unermüdlich und in gleicher Lautstärke wie AC/DC bei ihren Konzerten. Sogar jetzt, bei diesem Sauwetter, bringt Danuser die Erde mit seinem bevorzugten Arbeitsgerät zum Beben.

Jonas dreht den Sound auf. Die Gitarre setzt ein. Die Band gewinnt das Duell gegen den Pressluftbohrer. Aber gegen Jonas' Erinnerung an den heftigen Streit von heute Mittag mit seinem Vater kommen selbst die unverwüstlichen AC/DC nicht an. Sie sind aufeinandergeprallt, Vater und Sohn, nach dem Mittagessen, einmal mehr. Es geht immer um dasselbe: um Jonas, der nicht in die Form passt, die sein Vater schon vor der Geburt für ihn gegossen hat.

Das Bett wackelt, AC/DC beschwören die Glocken der Hölle, Jonas fühlt sich, als wäre er schon dort. Eine Hand legt sich auf seine Schulter. Er schießt hoch und blickt in das Gesicht seiner kleinen Schwester, die ihn mit weit aufgerissenen Augen anschaut. Ihre Lippen bewegen sich wie in einem Stummfilm.

Jonas drückt die Stopptaste und nimmt die Kopfhörer ab. Trotzdem klingt es immer noch, als ginge die Welt unter. Aber für den Weltuntergang ist es noch zu früh. Der alte Balthasar hat ihn erst für Ende des Jahres angekündigt, und der sollte es ja wissen. Also. Wenn die Welt nicht untergeht, bedeuten das dumpfe Grollen und Poltern, das Knirschen und Ächzen und das überwältigende Rauschen etwas anderes.

Emma formt ihre Hände zu einem Trichter. »Ein Hühnerstall schwimmt an unserem Haus vorbei!«, schreit sie in Jonas' Ohr.

Hühnerställe schwimmen nicht, will Jonas ihr erklären, doch stattdessen springt er hoch. Der Bach! Der Bach ist gekommen! Es bleibt keine Zeit zum Reden, nicht einmal zum Nachdenken. Jonas muss handeln. Er packt Emma und hebt sie hoch. Ihr Herz schlägt gegen seins, zwei von Angst getriebene Organe, die um die Wette pochen. Raus hier, nichts wie raus!

Im Flur will Jonas das Licht anmachen, denn es ist dunkel, unheimlich dunkel, und unheimlich laut. Aber es gibt kein Licht, da ist nichts als dieser wahnsinnige Lärm.

»Freddy!« Emma windet sich in seinen Armen, strampelt mit den Füßen. »Freddy!«

Freddy. Auf dem Flohmarkt gekauft, bunt und abgegriffen, kein Tier, kein Außerirdischer, kein niedliches Fantasiewesen, sondern ein zerzaustes Irgendwas, ohne das Emma nirgendwo hingeht. Was immer hier los ist, es ist schlimm. So schlimm, dass Emma ihren Freddy brauchen wird. Sie müssen ihn holen. Schnell.

Mit Emma auf den Armen stolpert Jonas in ihr Zimmer.

»Da!« Emma zeigt zum Fenster.

Auf dem Sims sitzt Freddy. Dahinter, auf der anderen Seite der Scheibe, ist die Welt aus den Fugen geraten. Das Haus der Familie Regenass steht mitten in einem reißenden Fluss. Auf braunem Wildwasser schaukeln Teile von Danusers Haus vorbei, begleitet von Ästen und Gehölz.

»Schau! Sepps Haus kann auch schwimmen!«, ruft Emma.

Jonas setzt seine Schwester auf das Bett und drückt ihr Freddy in die Arme. »Bleib hier!«, befiehlt er. »Ich bin gleich zurück!«

»Freddy hat Angst!«

»Dann pass gut auf ihn auf!« Jonas streicht Emma über die Haare. »Hier kann euch nichts passieren.« Hastig zieht er die bunten Vorhänge zu, die seine Mutter um Emmas Bett angebracht hat. *Pippilotta-Höhle* nennt es Emma, seit ihr Mutter die Geschichten von Pippi Langstrumpf vorgelesen hat. Vater hat ein anderes Wort dafür: *Firlefanz*.

Alles andere als Firlefanz sind die Wassermassen, die sich durch das Haus wälzen. Jonas kann sie hören und riechen. Am liebsten würde er sich mit Emma in ihrer Höhle einigeln, aber etwas, das stärker ist als seine Angst, treibt ihn ins Treppenhaus. Schritt für Schritt, tastet er sich voran, und als sich seine Augen an das unheimliche Halbdunkel gewöhnt haben, kann er das Wasser auch sehen.

Es hat den unteren Stock eingenommen, verschluckt gerade gierig das Telefon auf der Kommode im Flur. Emmas grüne Jacke tänzelt vorbei und dreht sich dann im Kreis. Ein Ast jagt ihr nach, spießt sie auf und stößt krachend gegen das dicke Holz der Haustür.

»Mama?«, ruft Jonas. »Papa?«

Ein Beben wirft ihn aus dem Gleichgewicht. Er klammert sich an das Treppengeländer, nicht sicher, ob es das Haus ist, das weiterzittert, oder sein Körper. Dann, endlich, nach bangen Sekunden der Angst dringt Vaters Stimme wie ein Donnergrollen aus dem Wohnzimmer. »Wo zum Teufel warst du?«

Höllenbesichtigung, fährt es Jonas durch den Kopf.

»Ist Mama bei dir?«, fragt er.

»Deshalb stecken wir ja fest!«

So geht das bei ihnen. Wenn Jonas nicht schuld ist, ist Mama schuld. Oder das Wetter. Nicht selten auch *die da oben*, womit Vater nicht ganz bis zum Himmel hinauf zielt, sondern bis zur nächsten Behörde, dem Parlament oder der Landesregierung. Irgendwer halt, nur nicht er.

»Was soll ich tun?«, ruft Jonas.

»Die Axt! Hol die Axt!«

Die Axt ist im Geräteschuppen. Es gibt keine Möglichkeit, dorthin zu gelangen. Wenn das Wasser weiterhin steigt und sie keinen Weg finden, die Tür einzuschlagen, werden Mama und Vater im Wohnzimmer ertrinken!

Panik erfasst Jonas. Sein Denken setzt aus. Irgendwo in ihm schaltet sich so was wie ein persönlicher Notstromgenerator ein, und sein Körper beginnt, unter Ausschluss seines Verstandes zu funktionieren. Jonas rennt zurück in den ersten Stock, in sein Zimmer, und noch bevor er weiß, was er hier sucht, greift er nach einer seiner Hanteln. In den Augen seines Vaters auch so ein *Firlefanz* wie die Vorhänge um Emmas Bett.

Auf dem Weg zurück nach unten fühlt Jonas die Kälte, die das Wasser ins Haus gebracht hat. Der Pegel ist weiter angestiegen, die Wohnzimmertür steht zu mehr als der Hälfte unter Wasser.

Jonas umklammert seine Zehn-Kilo-Hantel und stürzt sich in die schlammige Brühe. Das eisig kalte Wasser verschlägt ihm den Atem, ein Sog erfasst ihn und reißt ihn mit. Erst die Haustür hält ihn auf. Benommen starrt Jonas auf Emmas Jacke, die neben ihm Ringelreihen tanzt. Er beißt die Zähne aufeinander, damit sie zu klappern aufhören, und hangelt sich Zentimeter um Zentimeter an den Kleiderhaken entlang, sucht mit der freien Hand nach den runden Holzknöpfen der Kommode, die immer noch da steht, wo sie immer stand, nämlich gleich neben der Wohnzimmertür. Mutter wollte sie bei der Küchentür. Einige Wochen lang schob sie das Möbelstück an den von ihr bevorzugten Platz, und Vater schob es dorthin zurück, wo es seiner Meinung nach hingehörte. Als er genug hatte, holte er Schrauben und den Bohrer und machte dem Schieben ein Ende. Jonas hätte nie gedacht, dass der Dickschädel seines Vaters irgendwann einmal zu etwas Gutem führt, doch jetzt ist er froh um den sturen Kopf, denn die Kommode gibt ihm den Halt, den er so dringend benötigt. »Weg von der Tür!«, ruft er und knallt die Hantel gegen das Holz.

Mit voller Wucht verwüstet Jonas, was seit mehr als hundert Jahren Bestand hatte. Ächzend gibt das Holz nach und Vaters Gesicht schiebt sich zornesrot in Jonas' Blickfeld. »Ich sagte doch, du sollst die Axt holen!«

Jonas schluckt eine Erwiderung hinunter und zerrt am Holz. Fiese Splitter bohren sich in seine Hände, während er zusammen mit seinem Vater die Tür bearbeitet, aber er rüttelt und reißt weiter, auch als Vater schon längst »Hör auf!« brüllt. Doch dann fühlt er, dass sich etwas verändert hat. Das Rauschen in seinen Ohren hat einen anderen Ton angenommen. Das Wasser ... Es geht zurück! Jonas schaut an sich hinunter. Er steht nur noch hüfttief in der eiskalten Brühe. Sein Blick gleitet zurück zum Loch in der Tür, erfasst Mutter, die blass wie ein Gespenst auf dem Wasser kniet und tonlos etwas vor sich hin stammelt.

»Mama?«

Sie sieht ihn nicht an, sondern kriecht los. Erst jetzt dämmert es Jonas, dass sie sich auf den Tisch gerettet hatte, dessen Platte unter der Wasseroberfläche liegt.

»Halt!«, ruft er.

Zu spät. Mutter gleitet lautlos ins Wasser und versinkt darin. Ein paar Herzschläge lang bleibt sie verschwunden, dann schießt sie hoch. Die Augen weit aufgerissen, den Mund geöffnet, bringt sie keinen Ton hervor. Sie steht einfach nur da, bis Vater bei ihr ist. Er hebt sie hoch wie einen Sack Kartoffeln, quetscht sich mit ihr durch die zerstörte Tür und trägt sie zur Treppe. Auf der ersten trockenen Stufe stellt er sie ab.

Mamas Beine knicken ein. Sie hält sich am Geländer fest und setzt sich hin. »Emma?« Ihre blau angelaufenen Lippen zittern.

Jonas kämpft sich zu ihr durch. Das ist gar nicht so einfach, wenn Füße und Beine vor Kälte so taub sind, dass man sie kaum mehr fühlt. »Oben.« Auch das Sprechen ist schwierig, denn seine Zähne schlagen unkontrolliert aufeinander. »Es geht ihr gut.«

»Gott sei Dank!«, flüstert Mama.

»Dem da oben musst du nicht danken«, fährt Vater sie an. »Der hat uns den ganzen Schlamassel eingebrockt.«

Mama zuckt zusammen, aber sie sagt nichts. Jonas greift nach ihrem Arm und zieht sie hoch. »Komm«, sagt er. »Wir gehen zu Emma.«

»Hast du Schuhe an?«, brüllt Vater hinter ihm her.

Schuhe? Jonas starrt auf seine gefühllosen Füße. Keine Schuhe. Nur schmutzige Socken, aus denen die Zehen gucken. Er dreht sich zu Vater um und schüttelt den Kopf. Dabei fällt sein Blick auf das, was früher einmal ein Wohnzimmer gewesen ist. Äste und halbe Baumstämme treiben auf einer schlammigen Masse, aus der demolierte Einrichtungsgegenstände ragen. Fast so, als ob der Riese aus Emmas Gutenachtgeschichtenbuch ausgebrochen wäre und sich in der Disziplin Möbelwerfen geübt hätte.

»Nimm die aus meinem Schrank«, befiehlt Vater. »Die guten, die ich für deine Konfirmation gekauft habe.«

Jonas wankt die Treppe hoch in das obere Stockwerk. Als er an Emmas Zimmer vorbeigeht, sieht er, wie Mama seine kleine Schwester ganz fest an sich drückt. Er öffnet den Schrank im Flur. Ganz unten stehen die Schuhe. Teuer sehen sie aus. Feinstes schwarzes Leder, auf Hochglanz poliert. Für einen Anlass, von dem sein Vater sagt, er sei eine einzige Heuchelei mit Pfarrer Meier als Oberheuchler. Jonas zögert. Dann greift er nach den Schuhen und schlüpft hinein. Bequem sind sie nicht, doch das ist im Moment sein kleinstes Problem.

»Und jetzt?«, ruft er nach unten.

»Ich hab's ja immer gesagt. Irgendwann kommt er, der verfluchte Bach!«

Natürlich hat Vater das immer gesagt. Wie alle anderen auch. Seit Jahren haben die Leute ihre Fäuste auf die Stammtische geschlagen und sich lauthals über nicht bewilligte Bachverbauungen geärgert. Verfluchte Behörden. Und noch viel verfluchtere Regierung, weit weg in der Stadt, ohne einen Funken Instinkt für die Gefahren der Natur. Dabei waren sie überall, die Katastrophen: Hangrutsche, verschüttete Häuser, überschwemmte Orte.

»Wir sind die Nächsten«, sagten die Leute. Dann nickten sie und wiederholten die Worte, wie um ihnen mehr Gewicht zu verleihen, vielleicht auch in der Hoffnung, so die Schutzbauten herbeireden zu können.

Aber sie waren nie die Nächsten. Es traf immer andere. Bis heute. Jetzt ist er da, der Bach, und es ist absolut und total egal, was Vater immer gesagt hat. Sie müssen etwas tun! Sofort!

»Diese verfluchten ...«

»Was willst du denn machen?«, unterbricht Jonas die nutzlose Schimpferei.

»Lagebeurteilung!«, bellt Vater. »Maßnahmen ergreifen!« Er klingt wie ein Schweizer Armeeoffizier. Dabei war er dienstuntauglich.

Jonas' Blick fällt auf die blitzsauberen Schuhe an seinen Füßen. Sein durchgefrorener Körper schlottert, Tränen laufen ihm über die Wangen, irres Gelächter kommt aus seinem Mund. Er presst die Hände gegen seinen Bauch und ringt nach Luft. Erst die schallende Ohrfeige seines Vaters holt ihn zurück in die Wirklichkeit.

Genau in dem Moment, in dem die Hand gegen Jonas' Wange knallt, beginnen im Dorf die Kirchenglocken zu läuten. Zu einer Zeit, in der sie sonst nie läuten. Die ersten Schläge klingen dumpf, genau wie bei *Hells Bells*. Es ist, als würde der Teufel mit dem Finger auf Jonas und seine Familie zeigen.

2

Jonas erstarrt. Vor Schreck. Vor Angst. Vor Kälte. Nur die Wange brennt wie Feuer. Nie, noch gar nie, hat ihn sein Vater geschlagen. Gedroht, gebrüllt, getobt, das schon. Aber nicht geschlagen. Jonas hat die furchtbare Ahnung, dass bei seinem Vater ein Damm gebrochen ist. Dem Wasser, das spürt Jonas, wird noch ganz viel folgen. Nichts Gutes.

Er weicht zurück und verzieht sich zu Mama und Emma. Seine Schwester sitzt nicht mehr in ihrem Bett. Sie steht mit Mama zusammen am Fenster. Jonas kann ihre Gesichter nicht sehen, und er ist fast ein bisschen froh darüber. Ihm reicht der Anblick ihrer Rücken, die das Entsetzen verraten, das sie gepackt hat. Der von Mama bebt, der von Emma sieht klein und verletzlich aus.

»Mama?«, sagt Jonas.

Obwohl er nicht laut gesprochen hat, fährt sie herum. Ihr Gesicht ist kreideweiß, sogar die Lippen sind blass. Das macht die Sache mit ihren Augen nur noch schlimmer. Dunkel sind sie, ganz dunkel. Und leer. Mama sieht aus wie ein Geist. So, als wäre die Seele aus ihrem Körper geschlüpft und hätte vergessen, die Hülle mitzunehmen.

»Wir müssen zum Gottesdienst.« Sie wischt sich in einer fahrigen Bewegung eine Haarsträhne aus dem Gesicht. »Die Glocken läuten.«

»Es ist kein Gottesdienst.« Jonas geht auf sie zu und legt seine Hand auf ihren Arm. »Das ist eine Art Alarm.«

»Wie beim Jüngsten Tag«, flüstert Mama tonlos.

»Kommen jetzt Balthasars Außerirdische?«, fragt Emma.

Dieser blöde Balthasar mit seinen außerirdischen Boten der Erlösung! Sogar in die Köpfe der Kindergartenkinder hat er seine Endzeitfantasien gepflanzt. Jonas rutscht ein viel zu lautes und viel zu aggressives »Nein!« über die Lippen. Er sieht den Schreck in Emmas Augen und zwingt sich, so ruhig zu klingen, wie es eben geht. »Nein, Emma. Es ist nicht der Jüngste Tag, die Welt geht nicht unter, und es schweben auch keine Außerirdischen vom Himmel. Der Bach hat das Dorf überschwemmt ...«

»Und Sepps Haus mitgenommen«, fällt ihm Emma ins Wort. »Schwimmt unser Haus auch fort?«

Jonas geht auf sie zu und kniet vor ihr auf den Boden. Sein Gesicht ist dicht an Emmas. »Unser Haus bleibt hier. Aber es ist voller Wasser. Vielleicht müssen wir für eine Weile woanders hin.«

»Freddy will aber nicht weg!« Emma drückt ihren Spielzeugfreund ängstlich an sich.

»Wir gehen auch nicht weg!«, dröhnt es von der Tür her. »Die Familie Regenass bleibt, wo sie ist!«

»Aber ...« Jonas will sagen, dass der untere Stock verwüstet ist. Die Küche. Das Wohnzimmer. Vaters Büro. Alles voller Wasser, Schlamm, Geröll und Schwemmholz.

»Nichts *aber!*« Vater knallt mit der Faust gegen den Türrahmen. »Solange dieses Haus noch steht, bringt uns keiner weg von hier! Und jetzt komm endlich und hilf mir!« Ohne ein weiteres Wort zu verlieren, stapft er aus dem Zimmer.

In Emmas Augen stehen Tränen. Jonas zieht sie an sich. »Tust du mir einen Gefallen?«, fragt er leise. Er kann ihr Nicken mehr fühlen als sehen. »Mama ist nass geworden. Ihr ist kalt. Hilfst du ihr, im Kleiderschrank etwas Warmes zum Anziehen zu finden?«

»Und du?«, flüstert Emma.

»Ich?«

»Du bist auch nass.«

»Mir ist nicht kalt«, lügt Jonas. Behutsam löst er sich aus der Umarmung. »Ich muss zu Papa. Hat Freddy immer noch Angst?«

»Ein bisschen«, sagt Emma. »Weil die Straße jetzt ein Bach ist. Freddy kann doch nicht schwimmen.«

Emma kann auch nicht schwimmen! In Jonas läuft ein Film ab, einer, in dem Emma vom Wasser mitgerissen und verschluckt wird. Einen Augenblick lang bekommt er keine Luft. Dann fällt ihm die englische Touristin vom letzten Jahr ein. Elizabeth Bean. *Elizabeth* wie die Königin und *Bean* wie der trottelige Mr. Bean aus dem Fernsehen.

Elizabeth hatte einen Riverraftingausflug gebucht, bei *Real-Life-Adventure*, wo Jonas seit zwei Jahren in den Sommer- und Herbstferien jobbt. Sie beharrte darauf, ins selbe Boot wie Jonas zu steigen. »Jonas«, rief sie, »you're sitting next to me!« Widerspruch zwecklos. Und so saß Jonas auf dem Ritt durch die Stromschnellen neben der älteren Dame mit den grauen Kringellocken. Sie trug eine knallrosa Schwimmweste, die sie mitgebracht hatte. »Pink is my lucky colour, you know«, erklärte sie. Damit lag sie gar nicht so falsch. Als sie kenterten, brauchte Jonas nur dem rosa Ungetüm zu folgen. Er zog die Weste samt Elizabeth Bean an Land und bekam am Schluss des Ausflugs fünfzig Franken geschenkt. Plus die pinkfarbene Rettungsweste.

Diese Rettungsweste holt Jonas jetzt aus seinem Zimmer und zieht sie Emma über. Sie ist zwar ein bisschen groß, doch wenn Jonas die Bänder genügend festzurrt, sollte es gehen. »So«, sagt er, »ab sofort braucht Freddy keine Angst mehr zu haben.«

»Jonas!«, brüllt Vater im unteren Stock.

»Komme ja schon!«

Es bleibt keine Zeit, in einen warmen Pullover zu schlüpfen. Vater wartet nicht gern.

»Hast du noch mehr davon?«, fragt Vater.

»Mehr wovon?«

»Diesem Muskelfirlefanz.«

Jonas antwortet nicht, sondern geht zurück nach oben und holt die zweite Hantel. »Und jetzt?«, will er wissen.

»Jetzt hauen wir die Tür ganz raus«, brummt Vater.

Schweigend bearbeiten sie den Rest der Wohnzimmertür. Jonas fragt nicht nach Sinn und Zweck und schon gar nicht nach dem Plan. Vater arbeitet so verbissen, als hätte er ein bis ins Kleinste ausgeklügeltes Konzept. Obwohl aus seinen Beinen wieder jedes Gefühl gewichen ist, hämmert Jonas gegen das bisschen Holz, das noch im Rahmen festhängt. Um sie herum rauscht und knirscht es, und mehr als einmal glaubt Jonas, das Haus verschiebe sich leicht. In ihm tanzt die Panik wilder und härter, als es der quirlige Angus Young von AC/DC jemals hinbekommen würde.

Endlich gibt auch der letzte Rest der Tür nach. Jonas watet hinter seinem Vater zu den zerborstenen Fenstern, aus deren Rahmen gezackte Glassplitter ragen. Er schaut zu, wie Vater sich einen der angeschwemmten Äste schnappt und mit voller Wucht den Rest des Glases aus dem Rahmen schlägt.

»Verdammte Scheiße!«, ruft Vater.

Vor dem Fenster treiben Holzstücke und Hausrat beinahe so wie die Raftingboote, in denen Jonas so gerne mitfährt. Auf diesem Strom jedoch, der sich furchterregend an ihnen vorbeiwälzt, möchte Jonas um nichts in der Welt einen Ritt wagen.

»Ich habe immer gesagt, dass der Bach kommen wird, aber die da oben haben's ja besser gewusst.« Vater spuckt durch das glaslose Fenster. »Und wir können's jetzt ausbaden.«

In diesem Moment entdeckt Jonas den alten Danuser. Er hockt im strömenden Regen auf dem Dach seiner eingeknickten Scheune, so reglos, dass Jonas sich fragt, ob Tote sitzen können.

»Würde mich interessieren, wie sich die feinen Herren dieses Mal rausreden«, poltert Vater. »Bestimmt kommt irgend so ein Volltrottel aus Bern, hält eine unbrauchbare Rede und ...«

»Papa«, unterbricht ihn Jonas und zeigt auf Danuser.

»Himmel noch mal«, haucht Vater. Dem *Himmel noch mal* folgen ein paar wüste Flüche. Und dann ein lauter Ruf. »Sepp!«

Danuser reagiert nicht. Vater steckt die Finger in den Mund und pfeift. Der Pfiff gellt über alles hinweg. Er scheint auch Danusers Ohren zu erreichen. Langsam dreht er den Kopf und schaut zu ihnen herüber. Nichts an seiner Körperhaltung erinnert an den zornigen alten Mann, der er gestern noch gewesen ist.

»Danuser! Regenass!«, hallt es blechern aus einem Lautsprecher. »Wo seid ihr?«

Vater spuckt erneut ins Wasser. »Die Kavallerie kommt«, knurrt er.

»Die Kavallerie?«, fragt Jonas.

»Die verdammte Feuerwehr.« Vater schaut auf die Uhr. »Langsam wie die Schildkröten. Kein Wunder bei diesem Chef!«

Dieser Chef ist Feuerwehrkommandant Willi Hämmerli. Ein wuchtiger Mann mit einem freundlichen Gesicht. Er ist nicht nur der Besitzer des lokalen Sägewerks, sondern auch Parteipräsident der *anderen* und somit in Vaters Augen keinen Pfifferling wert.

»Danuser! Regenass! Wo seid ihr? Meldet euch!«

Vater schnaubt verächtlich. Doch nach drei weiteren Aufforderungen gibt er nach. »Ist ja gut! Zeigen wir diesen unfähigen Trotteln, dass wir noch leben. Ab in die Küche!«

Hier müssen sie keine Tür einschlagen, weil keine mehr vorhanden ist. Bis auf ein paar Splitter hängt auch kein Glas mehr in den Fensterrahmen. Das Wasser hat ganze Arbeit geleistet.

Feuerwehrkommandant Hämmerli und seine *Kavallerie* stehen auf der anderen Straßenseite, wo sie sich ziemlich unelegant an den standhaft gebliebenen Eisenzaun vom Gunten-Josef klammern.

»Macht das verdammte Ding aus!«, brüllt Vater. »Und die Kirchenglocken gleich mit. Ist ja nicht zum Aushalten.«

»Bist du das, Karl?«

»Wer denn sonst, du Idiot!«

Erst jetzt erkennt Jonas den Mann mit dem Megafon. Es ist Helmut Grundinger. Der Gemeindepräsident. Um dieses Amt hatte auch Jonas' Vater gekämpft. Erfolglos.

»Ich fordere dich und deine Familie auf, das Haus zu verlassen!«, scheppert es in voller Lautstärke in die Küche.

»Du kannst mich mal!« Vater tippt mit dem Finger gegen die Stirn. »Holt lieber den irren Danuser vom Dach!«

Der Kopf von Grundinger schnellt herum. Genauso wie alle anderen Köpfe der Leute aus dem Rettungsteam.

»Scheiße!«, dröhnt es aus dem Megafon.

Die volle Aufmerksamkeit der Männer richtet sich auf Danuser. Jonas nutzt den Moment, um Vater zur Vernunft zu bringen. »Wir sollten das Haus wirklich verlassen«, sagt er. »Ein paarmal hat alles gewackelt. Was, wenn die Statik im Eimer ist?«

»Als ob du was von Statik verstehen würdest!« Vater macht eine abschätzige Handbewegung und kämpft sich zurück ins Wohnzimmer.

»Danusers Haus ist eingestürzt und vom Wasser mitgerissen worden!«, ruft Jonas ihm hinterher. »Wir wohnen nur ein paar Meter von ihm entfernt. Es kann doch sein ...«

»Kann es nicht! Gib endlich Ruhe!«

Ein letztes Argument hat Jonas noch, eines, das sein Vater nicht abstreiten kann. »Der ganze untere Stock steht unter Wasser.«

»Wir haben uns! Unser Leben! Und unsere Hände. Und die setzen wir jetzt *sinnvoll* ein!«

Jonas zuckt zusammen. Der letzte Satz klingt nach einer Fortsetzung ihres Streits von heute Mittag. Vater hat herausgefunden, dass Jonas am Mittwochnachmittag nach der Schule nicht mit Schulfreunden Hausaufgaben macht, sondern im Atelier von Gero Cathomen arbeitet.

»Bei diesem nutzlosen Schmarotzer! Diesem linken Parasiten, der auf Kosten der Steuerzahler lebt. Diesem ... diesem ... *Künstler!*« Vater hat mit der Faust auf den Tisch gehauen, dass das Geschirr laut geklirrt hat. »Da gehst du nicht mehr hin, verstanden! Kunst! Ha! Mit solch sinnlosem Firlefanz musst du mir gar nicht erst anfangen.«

Jonas hat sich gewehrt. Hat versucht, seinem Vater zu erklären, was er fühlt, wenn er Metall bearbeitet und Holz zu Skulpturen formt. Es war hoffnungslos. Vater hat immer lauter gebrüllt, Jonas hat zurückgebrüllt. Bei ihnen in der Familie entscheiden nämlich nicht Argumente, sondern es gewinnt die Lautstärke. Weil keiner so laut ist wie Vater, gehen diese Duelle immer gleich aus, egal, wer im Recht ist.

»Worauf wartest du?«, fährt ihn sein Vater an. »Träumen kannst du, wenn wir hier aufgeräumt haben.«

Ans Aufräumen denkt vorerst jedoch niemand, nicht einmal Vater. Alle wollen wissen, wie die Sache mit Danuser auf dem Dach ausgeht. Und so steht die ganze Familie Regenass in Jonas' Zimmer, von dem aus man alles genau beobachten kann. Schweigend sehen sie zu, wie Danuser eine Hand vom Giebel löst, an den er sich klammert, und entschlossen seine Faust in die Höhe reckt.

Das Rettungsteam am Boden reagiert ziemlich hilflos. Gemeindepräsident Grundinger und Feuerwehrkommandant Hämmerli reden dem alten Mann abwechselnd gut zu. Ihre Stimmen klingen immer eindringlicher, und schließlich enden ihre Bemühungen in ultimativen Aufforderungen, die alle an Danuser abprallen. Erfolgreiche Verhandlungen verlaufen anders, doch das hier ist die lokale Einsatztruppe und keine FBI-Einheit. Ihre bisher schwierigste Herausforderung war Balthasar, der jeweils bei Neumond ein riesiges Feuer auf einer Waldlichtung entfachte, um damit den außerirdischen Boten der Erlösung den Weg zum irdischen Landeplatz zu weisen. Schlussendlich einigte man sich auf einen Kompromiss: Satt im Wald zu zündeln, errichtete der selbsternannte Prophet neben seinem Haus eine weltrekordverdächtig hohe, selbst aus dem All unübersehbare Stahlröhre samt dazugehöriger Predigerkanzel, und die Gemeinde sah im Gegenzug davon ab, eine Bewilligung dafür zu verlangen. Seither erwartet Balthasar die außerirdischen Boten auf eigenem Grund und Boden, den er zu diesem Zweck mit einer riesigen Baumaschine zur Landefläche für UFOs umgestaltet hat.

Bei Danuser ist das nicht so einfach. Der Sturkopf führt *Kompromiss* nicht in seinem Wortschatz. Das dämmert irgendwann auch der Einsatztruppe, denn das immer lautere Einreden auf den alten Mann hört auf. Wenig später löst das Knattern von Rotorblättern das Scheppern des Megafons ab. Ein Hubschrauber fliegt über das Haus von Jonas und seiner Familie und bleibt über Danusers Scheunendach in der Luft hängen.

»Ein Helioktober!«, kräht Emma.

»Helikopter!«, korrigiert Vater sie, auch mitten in der Krise ganz der Besserwisser.

Aus dem Hubschrauber seilt sich ein Retter in Rot ab und lässt sich auf den Giebel gleiten. Rittlings setzt sich der Mann aufs Dach und arbeitet sich Zentimeter um Zentimeter an Danuser heran.

»Ha!«, sagt Vater begeistert. »Jetzt haben sie den sturen Bock.«

Vater kann seinen Nachbarn nicht ausstehen. Der Streit um Danusers Apfelbaum, dessen Äste auf das Grundstück der Familie Regenass ragen, ist legendär und füllt mindestens zwei Aktenordner in irgendeinem überschwemmten Kellergewölbe im Rathaus. Von den Klagen wegen Ruhestörung ganz zu schweigen.

Vater sieht den Zeitpunkt der Rache gekommen. Wieder steckt er seine Finger in den Mund und pfeift. Der Retter dreht sich um und schaut in ihre Richtung. Emma winkt ihm zu, und der Mann in Rot winkt zurück.

Danuser hat den Mann auch gesehen. Auf allen vieren kriecht er seinem Retter davon, bis ans Ende des Dachs. Dort richtet er sich auf. Der Luftzug der Rotorblätter wirbelt seine dünnen grauen Haare in die Luft, während er mit der rechten Hand den Hubschrauber wie ein lästiges Insekt wegwedeln will.

Die Sekunden verstreichen, werden zu endlosen Minuten, in denen Danuser immer heftiger wedelt, mehr als einmal gefährlich aus dem Gleichgewicht gerät und beinahe vom Dach stürzt. Plötzlich wünscht sich Jonas, dass der alte Kerl diesen Kampf gewinnt, wenn es denn überhaupt einen Sieger geben kann. Ein Spiel ist das hier nämlich nicht, sondern bittere Realität.

Irgendwann merkt der Retter, was ihm Jonas von Anfang an hätte sagen können: Der Alte meint es todernst. Der Mann in Rot gibt ein Handzeichen und klinkt das Seil aus, an dem er hängt. Kurz danach entfernt sich der Hubschrauber. Zurück bleiben zwei Männer auf dem Giebel einer eingeknickten Scheune, die jederzeit unter ihnen wegbrechen kann. Und die Gaffer, die aus den Fenstern der Nachbarhäuser gucken.

Grundinger startet einen neuen Versuch. »Sei vernünftig, Sepp! Das bringt doch nichts.«

Nun, dein blöder Spruch auch nicht, denkt Jonas. Einer, der seit mehr als zwei Jahren nach einer Sondermülldeponie unter seiner Einfahrt sucht und die Gemeinde mit Klagen eindeckt, ist nicht vernünftig und wird es auf die Schnelle auch nicht werden. Grundinger sollte das eigentlich wissen.

Hämmerli übernimmt. Er versucht es nicht mit Vernunft, sondern mit Drohungen.

»Komm da runter, du sturer Bock«, schallt es über die Häuser hinweg. »Oder ich sorge höchstpersönlich dafür, dass du neben der Steiner-Marie beerdigt wirst, wenn du runterfällst und dir den Hals brichst.«

Der Körper des Alten gerät bei der Erwähnung dieses Namens gefährlich ins Wanken. Mit der Steiner-Marie hat er nämlich ein Leben lang gestritten.

»Und bei der Trauerfeier wird der Kirchenchor singen.«

Das ist beinahe noch schlimmer. Danuser hasst den Kirchenchor. Die singen seiner Ansicht nach so falsch, dass man es deswegen in der Kirche nicht aushält. Der alte

Mann öffnet den Mund, aber der Lärm des Wassers und des kreisenden Hubschraubers schluckt seine Wörter.

»Wir hören dich nicht!«, hallt es aus dem Megafon.

Danuser schüttelt heftig den Kopf. Er tut Jonas leid. Okay, der Alte ist ein Spinner und sein Pressluftbohrer kann einen an den Rand des Wahnsinns treiben, aber immerhin hat er eine Meinung. Eine sehr eigene, für die er einsteht. Jetzt ist sein Haus weg, und er steckt auf einem Giebel fest. Das wäre für jeden andern auch zu viel.

Emmas Hand schiebt sich in die von Jonas. Er schaut zu ihr hinunter und sieht die Tränen in ihren Augen.

»Es wird ihm nichts passieren«, sagt er.

»Versprochen?«

Aus irgendwelchen Gründen, die Jonas nicht kennt, mag seine kleine Schwester diesen schrulligen Kauz. Jonas schluckt den Kloß in seinem Hals hinunter und nickt.

»Wenn er wieder unten ist, und der Bach nicht mehr über die Straße fließt, bauen wir ihm ein Haus«, erklärt Emma.

Vater öffnet den Mund zu einer Antwort. Schnell greift Jonas nach seinem Arm.

Ein kleines Wunder geschieht. Vater begreift. Er bleibt still, legt Emma die Hand auf den Kopf und sagt: »Er wird schon runterkommen.«

Emma presst tapfer die Lippen zusammen und drückt Freddy an sich. Genau in dem Moment schwillt der Lärm ins Unendliche an. Was zuerst wie dumpfes Donnergrollen klingt, stellt sich als tiefes Motorengeräusch heraus, das immer näher kommt.

3

Danuser auf seinem Dach ist vergessen. Alle starren in die Richtung, aus der der Krach kommt. Ein unheimliches Knirschen begleitet das Motorengeräusch. So, als äße ein riesiger Steinfresser eine Portion Felsbrocken. Dann biegt ein Gefährt beim Dorfladen um die Ecke, heult auf und sucht sich seinen Weg durch die zum Bachbett gewordene Straße.

Es ist kein Steinfresser, sondern eine Raupe. Eine Raupe aus Metall, mit Panzerrädern und ausfahrbarer Schaufel. Darin sitzt mit wallender Mähne und wucherndem Bart, ganz in Weiß, Balthasar, der Endzeitprophet. Er sieht aus wie eines der Wesen, auf die er seit Jahren wartet.

Balthasar manövriert sein Gefährt bis auf wenige Zentimeter an Grundinger heran. Dann würgt er den Motor ab und versaut sich so den Auftritt seines Lebens. Das scheint ihn wenig zu kümmern. Er streckt den Kopf aus der Fahrerkabine und fuchtelt mit dem rechten Arm so lange herum, bis Grundinger merkt, was er von ihm will. Das Megafon. Weil der Gemeindepräsident es immer noch eingeschaltet hat, bekommen alle den kurzen Wortwechsel zwischen den zwei Männern mit.

»Gib her!«, fordert Balthasar.

»Nein.«

»Dann sag ich deiner Frau, wohin du mittwochs nach der Gemeindeversammlung immer gehst.«

Wort- und kampflos überlässt Grundinger Balthasar das Megafon. Der richtet sich nicht an Danuser, sondern an die Dorfbewohner, die sich neugierig aus den Fenstern lehnen. Er hält sich nicht lange mit Nebensächlichkeiten auf. »Der Tag der Heimkehr ist da, etwas früher als erwartet, aber er ist da!«, posaunt er ins Megafon. »Das Wasser ist eine Nachricht. Die Boten sind unterwegs zu uns und werden in wenigen Tagen landen. Noch ist Zeit, aber ...«

Ein Sonnenstrahl kämpft sich durch die Wolken.

»... aber nicht mehr viel.«

Das Licht fällt genau auf das Fenster, an dem Jonas und seine Familie stehen. Es verfängt sich in Emmas blonden Haaren und bringt sie zum Glänzen.

Balthasar ist nicht der Einzige, der seinen Blick wie gebannt auf Jonas' kleine Schwester richtet. »Ein Engel«, sagt er heiser. Das Megafon verzerrt seine Worte zu einem unheimlichen Flüstern. »Sie haben uns einen Engel geschickt.«

»Das ist kein Engel, du Depp!«, ruft Vater, der für jeglichen Zauber absolut unempfänglich ist.

Balthasar ist davon nicht beeindruckt. »Ich bin sicher, sie hat eine Nachricht für uns.« Seine Stimme zittert. »Das hast du doch, oder nicht?«

»Geh weg vom Fenster!« Mutter zerrt an der Schwimmweste, aber Emma klammert sich an Jonas.

»Sag uns, dass du eine Nachricht hast.« Das Zittern ist einem dramatischen Flehen gewichen.

Jonas fühlt sich wie im Schaufenster. Es gibt niemanden, der nicht zu ihnen hochstarrt. Alle warten. Einen Moment scheint das ganze Dorf den Atem anzuhalten.

Dann nickt Emma. Heftig und bestimmt.

»Ich wusste es!«, hallt es durch die Luft.

Balthasar verschwindet in seiner Kabine, wirft den Motor an und steuert die Maschine auf das Haus der Familie Regenass zu. Unter Jonas' Fenster bringt er das Fahrzeug zum Stehen. Diesmal ohne den Motor abzuwürgen. Er betätigt den Mechanismus des ausfahrbaren Arms, manövriert die Schaufel in die richtige Position und legt das Megafon hinein. Dabei schaut er zu Emma hoch, die ihm zuwinkt. Kurze Zeit später ist Balthasar wieder an den Schalthebeln. Vorsichtig fährt er den Arm mit der Schaufel zum Fenstersims aus.

Jonas beugt sich vor und hangelt nach dem Megafon. Immer tiefer gleitet er dem Schlund der Baggerschaufel entgegen. Gerade als er denkt, dass er fallen wird, packt ihn Vater an den Beinen und hält ihn fest. Jonas' Finger berühren das kühle Blech. Im letzten Augenblick zuckt er zurück. Was, wenn Emma wirklich zu den Gaffern spricht und etwas von Engeln erzählt? Das wäre so was von peinlich! Jonas zögert.

Eine kleine Hand legt sich auf sein Bein. Emmas Hand. *Bitte, tu es*, scheint sie ihm sagen zu wollen. Einen magischen Moment lang sind Emma und Jonas eine Einheit. Er kann ihren Wunsch fühlen, als wäre es sein eigener. Und so packt er das Megafon, fischt es aus der Schaufel und lässt sich von Vater zurück in sein Zimmer ziehen.

Emma strahlt, ihre Augen leuchten wie vorhin ihr Haar. Vielleicht ist sie wirklich ein Engel. Jonas drückt ihr das Megafon in die Hand. Sie braucht beide Hände, um das Gerät vor den Mund führen zu können.

»Sepp!« Ihre helle Stimme schwingt sich zu Danuser hoch. »Kommst du jetzt runter?«

Niemand achtet mehr auf Balthasar. Alle Augen richten sich auf Danuser, der wieder auf dem Giebel sitzt. Der alte Mann beugt sich leicht vor und schüttelt den Kopf.

»Bist du traurig? Weil dein Haus fortgeschwommen ist?«

Diesmal nickt Danuser.

»Wir können ein neues bauen.«

Danuser fährt sich mit der Hand über die Augen und bemerkt nicht, wie der Retter die Ablenkung ausnutzt und ihm immer näher kommt.

»Ich helfe dir«, klingt es entschlossen aus dem Megafon.

Der alte Mann steht auf und breitet seine Arme aus.

Nein, denkt Jonas. Nicht springen! Nicht vor Emma.

Aber der verrückte Kerl auf dem Giebel lacht und steht einfach nur da, bis der Retter bei ihm ist und ihn festhält.

Diesmal kommt kein Helikopter. Balthasar fährt seinen Bagger dicht an Danusers Scheune heran. Noch nie hat Jonas eine Baumaschine gesehen, die ihre Schaufel so weit ausfahren kann. Die beiden Männer auf dem Dach lassen sich hineingleiten wie in eine rettende Hand.

Hämmerli, der irgendwo ein zweites Megafon aufgetrieben hat, zerstört die fast märchenhafte Stimmung, die sich über den verwüsteten Dorfteil gelegt hat.

»Die Zeit ist tatsächlich gekommen«, erklärt er. »Aber wir brauchen keine Außerirdischen. Wir sind auf diesen Moment gut vorbereitet. Alle Betroffenen werden im Laufe der nächsten Stunden evakuiert und entweder im Schutzraum beim Schulhaus oder bei Verwandten untergebracht.«

Vater schiebt seine Finger einmal mehr in den Mund und gibt grelle Pfiffe von sich. Zwischendurch wünscht er Hämmerli in wüstesten Worten die Pest und eine Menge anderer schlimmer Dinge an den Hals. Jonas zieht sich zurück. Er sucht Emma und findet sie in ihrem Zimmer am Fenster.

»Vielleicht schwimmt es wieder her.«

»Was?«

»Das Haus vom Sepp.«

Jonas wünscht sich, er wäre noch einmal fünf. Dann könnten sie jetzt beide hinausschauen und auf ein Haus warten, das nicht mehr kommen wird. Er legt seinen Arm um die Schultern seiner Schwester. »Emma. Wir müssen packen.«

»Holen sie jetzt uns?«

Jonas nickt.

»Mit dem großen Bagger?«

»Ich denke nicht.«

Emma legt ihren Kopf schief und schaut zu ihm hoch. »Kommst du mit?«

»Ja.« In Jonas' Hals kratzt es.

»Dann gehe ich auch.« Sie kniet auf den Boden und zieht ein hellblaues Köfferchen unter dem Bett hervor. »Und was ist mit Papa?«

»Ich weiß es nicht«, antwortet Jonas.

Aber wenn sogar der sture Danuser vom Dach heruntergekommen ist, geht Vater vielleicht auch mit in den Schutzraum.

»Evakuation«. Vater spuckt das Wort aus wie giftige Galle. »Schert euch zum Teufel!«, herrscht er die Feuerwehrmänner an, die sich mittlerweile zum Haus der Familie Regenass durchgeschlagen haben.

»Sei vernünftig, Karl!«, sagt Hämmerli ruhig. Aber damit ist er an den Falschen geraten.

»Ich *bin* vernünftig!«, brüllt Vater.

»Denk an deine Frau und deine Kinder«, versucht es der Feuerwehrkommandant noch einmal. »Dein Haus könnte einstürzen.«

»Überlass das Denken mir.« Vater verschränkt die Arme und stellt sich breitbeinig hin. »Du warst darin noch nie besonders gut!«

Hämmerli wirft Jonas einen hilflosen Kannst-du-ihn-zur-Vernunft-bringen-Blick zu. Jonas schüttelt den Kopf. Sein letzter Versuch, mit seinem Vater vernünftig zu reden, ist gründlich schiefgegangen. So schief, dass Jonas das Anrollen der Flutwelle verpasst hat.

»Ich habe die Befugnis, euch zu zwingen«, sagt Hämmerli und sieht dabei gar nicht glücklich aus.

»Deine Befugnis kannst du dir sonst wohin stecken. Du wirst einen Scheißdreck tun!«, fährt ihm Vater über den Mund. »Das ist mein Land. Mein Haus. Meine Familie. Und jetzt verschwinde endlich.«

Die ganze Zeit hat Mama einfach nur dagestanden. So, als wäre zwar ihr Körper da, aber alles andere irgendwo weit weg. Nun klettert sie wortlos auf den Fenstersims und lässt sich von Metzger Breitenmoser ins Freie ziehen. Emma schaut von Mama zu Vater, von Vater zu Mama und dann zu Jonas.

»Geh mit Mama«, sagt Jonas. »Ist schon gut. Papa und ich passen auf das Haus auf.«

»Das kann ich nicht zulassen«, erklärt Hämmerli. »Solange wir nicht wissen, ob für euer Haus Einsturzgefahr besteht, müsst ihr hier raus.«

»Dieses Haus steht seit beinahe hundertfünfzig Jahren hier.« Vaters Gesicht läuft vor Zorn rot an. »Bis jetzt hat es gehalten, und es wird auch weiterhin halten.«

»Danusers Haus war noch älter. Es ist weg.«

»Ja, weil der alte Spinner mit seinem idiotischen Pressluftbohrer den Boden rundherum unterhöhlt hat! Muss ich es dir vorbuchstabieren? Wir. Bleiben. Hier.«

»Wenn du dich ums Verrecken in Gefahr bringen willst. Bitte. Aber den Jonas nehme ich mit.«

Jonas sieht seinen Vater, halsstarrig und stur bis zum Abwinken. Er bemerkt, wie der zornige Mann kaum sichtbar wankt.

»Ich bleibe bei Papa«, wiederholt er gegen alle Vernunft.

Hämmerli zuckt resigniert mit den Schultern. »Auf eure Verantwortung. Wir gehen. Es gibt noch andere, die wir evakuieren müssen.«

Er gibt seinen Männern das Zeichen zum Aufbruch.

Reglos sieht Jonas zu, wie sie sich an einem Seil entlang auf die andere Straßenseite hangeln, zwischen ihnen gut gesichert Mama und Emma in einem gelben Schlauchboot. Er wartet auf eine Bemerkung seines Vaters, einen Befehl, irgendwas. Doch es kommt nichts. Vater klammert sich an den Fensterrahmen, Knöchel und Gesicht sind weiß wie frischer Schnee, über das Handgelenk perlt Blut, wahrscheinlich von einem Schnitt, den er sich an einem der Glassplitter geholt hat. Seine Lippen bewegen sich, aber Jonas versteht nicht, was er sagt.

»Papa?«

Vater steht da und schaut aus dem Küchenfenster über das Chaos hinweg, unter dem irgendwo die Straße liegt.

»Was machen wir jetzt?«, fragt Jonas.

Er zittert vor Kälte. Immer noch reicht ihm das Wasser bis über die Knie. Wenn er sich nicht bald bewegt, friert er ein. Es ist nur so: Dieser Aufstand hier ist etwa gleich sinnlos wie der Aufstand der letzten Samurai. Vater und er können nichts tun. Nur hoffen, dass das Haus nicht über ihnen zusammenkracht, während sie auf das Abfließen des Wassers warten.

Jonas fallen die Kerzen ein, die Mutter in der Küche aufbewahrt. Die werden sie brauchen, heute Abend, wenn es dunkel wird. Vorsichtig watet er zum Schrank und öffnet die Tür. Er kann die Kerzen nicht sehen, doch er ist sicher, dass sie da sind, im obersten Regal, ganz hinten. Seine Finger schießen gegen etwas Hartes. Es rumpelt und klirrt. Jonas schaut hoch. Er sieht den Gegenstand auf sich zukommen, aber zum Ausweichen ist es zu spät. Der

Schmerz nimmt ihm den Atem. Automatisch greift er sich an die Stirn, fühlt das Blut, sieht das Dunkel auf sich zukommen und wehrt sich dagegen. Seine Finger suchen Halt, aber sie rutschen an der Schranktür ab. »Papa«, flüstert er, während seine Knie nachgeben und das Wasser immer näher kommt. Die Arme sind zu schwach, den Fall aufzufangen. Jonas versinkt in der Kälte und sein letzter Gedanke ist, dass er in einer Küche ertrinken wird. Was für ein beschissener Tod!

4

Ein blonder Engel beugt sich über Jonas. Immerhin ist er nicht in der Hölle gelandet.

»Jonas«, flüstert der Engel.

Grüne Haare schieben sich in sein Blickfeld, kitzeln seine Nase. Gleichzeitig fährt der Schmerz wie ein Blitz durch seinen Kopf. Jonas weiß nicht, ob er enttäuscht sein soll. Er hat sich zwar den Himmel nie vorgestellt, aber so hätte er bestimmt nicht ausgesehen – und es hätte bestimmt auch nicht so wehgetan. Ob die hier oben wenigstens AC/DC kennen?

Eine kleine Patschhand legt sich auf seine Wange.

»Der Doktor hat dich zusammengenäht.«

Ein buntes hässliches Etwas starrt ihn ausdruckslos an. Balthasars Außerirdische! Sie sind da!

Jonas schießt hoch.

Das war eine ganz schlechte Idee, denn schon wieder blitzt es in seinem Kopf.

»... noch immer von der Außenwelt abgeschnitten«, folgt dem Blitz wie ein Donner eine laute Stimme. Jedes Wort ist ein Angelhaken, der sich schmerzhaft in Jonas' Gehirn festhakt. Es sind zu viele Wörter, zu viele Angelhaken. Er presst seine Hände gegen den Kopf und fühlt ein riesiges Pflaster auf der Stirn. Zusammengenäht. Doktor. Grüne Haare. Ein Engel mit Emmas Stimme. Tränen schießen in seine Augen. Er ist weder im Himmel noch dorthin unterwegs; er ist bei Emma und Freddy. Vater muss ihn vor dem Ertrinken in der Küche gerettet haben. Jonas seufzt erleichtert auf und beschließt, ein wenig zu schlafen. Nur so lange, bis das Blitzgewitter aufhört und jemand die Angelhaken entfernt hat.

Als er erneut erwacht, redet die Angelhakenstimme immer noch. Diesmal sagt sie etwas von Flutwelle, weil sich der Bach gestaut hat, oben in den Bergen, in einer engen Schlucht, bis der Druck auf die Baumstämme und das Geröll zu groß geworden ist und alles zusammen hinuntergestürzt ist ins Tal. Zum Glück ist niemand ernsthaft verletzt oder gar getötet worden.

Doch, ich bin verletzt, denkt Jonas, aber so ein Kleinschaden am Kopf zählt wohl nicht zu den ernsthaften Verletzungen. Er zwingt sich, die Augen zu öffnen. Eine ganze Reihe von Betten, auf denen Leute aus dem Dorf hocken und alle auf etwas in der Ecke des Raums starren. Jonas hebt langsam den Kopf, aus dem jemand die Haken entfernt haben muss. Leider hat sich stattdessen ein heftig summender Bienenstock darin eingenistet.

Auf einem Tisch in der Ecke steht ein Fernsehgerät. Über den Bildschirm flimmert ein Dorf aus der Vogelperspektive. Jonas braucht einen Moment, bis er begreift, dass das sein Dorf ist, denn nichts sieht mehr aus wie gestern.

Die Flutwelle hat Gras und Erde und Straßen verschluckt und dafür Geröll hineingespuckt. Der Bach schlängelt sich nicht mehr in sicherer Entfernung hinter dem Garten der Familie Regenass durch das Weideland vom Bauer Kilchberger, sondern wälzt sich wie ein gefräßiges Monster auf mehreren Metern Breite talauswärts. Zwischen dem neuen Bachverlauf und Jonas' Zuhause liegen höchstens zwei Meter. Mutters Garten ist weg, und hätte das Haus näher am Bach gestanden, so wie Danusers, dann wäre es auch fort.

»Bist du wach?«, fragt Emma.

»Ja«, flüstert Jonas.

»Wirklich wach?«

Jonas' Mund ist ganz trocken und der Puls hämmert in den Schläfen. Darum sagt er einfach noch einmal »Ja«, obwohl er eine Unmenge Fragen hat. Zum Beispiel, was mit dem Haus ist. Mit Mama. Mit Vater.

»Freddy passt auf dich auf«, erklärt Emma. Sie legt ihm ihren grünhaarigen Freund auf den Bauch und verschwindet.

Die Stimme im Fernsehen redet und redet und redet. Danusers eingeknickter Stall ist vornübergekippt und sieht ein bisschen aus wie ein Boot, das neben dem Haus der Familie Regenass ankert.

Vater schiebt sich zwischen das Bild und Jonas, beugt sich zu ihm nieder und murmelt etwas Unverständliches. Dann setzt er sich auf die Bettkante. »Emma sagt, man kann wieder mit dir sprechen.«

Sprechen? Mit Vater? Das soll wohl ein Witz sein.

»Ja.« Mehr schafft Jonas immer noch nicht.

»Verstehst du, was ich sage?«

Wieder greift Jonas auf seinen im Augenblick sehr beschränkten Wortschatz zurück. »Ja.«

»Gut.« Vater legt die Hände auf seine Knie und holt tief Luft. »Mach das nie mehr!« Er steht auf. »Ich gehe zurück zum Haus. Du bleibst hier. Bist mir sowieso keine Hilfe. Verstanden?«

Normalerweise bestehen Jonas' Antworten bei solchen *Gesprächen* aus vielen *Nein* und ein paar *Aber*, doch diesmal ist er zu müde für so viel fruchtlosen Output. Und so strapaziert er sein *Ja* ein letztes Mal.

Emma hat die ganze Zeit neben Vater gestanden und Jonas aus großen Augen angeschaut.

»Papa ist traurig«, verteidigt sie Vater, als dieser weg ist.

Jonas widerspricht nicht. Emmas kindlicher Glaube an das Gute ist ihm schon vor Jahren abhandengekommen.

»War ich denn vorher schon einmal wach?«, fragt er.

Sie nickt. »Deine Augen waren offen. Und du hast sogar geredet.«

»Richtig geredet?«

Ihre Pupillen drehen sich nach oben, wie immer, wenn sie nachdenkt. »Eigentlich schon.«

»Was hab ich denn gesagt?«

Emma legt den Kopf schief. »Lauter komisches Zeug.«

»Komisches Zeug?«

»Ja.«

»Wer hat mich hergebracht.«

»Papa. Du hast geblutet und ganz doll gezittert. Und Papa hat laut geschrien.« Tränen schießen in Emmas Augen, ihr Kinn bebt. »Dann bist du mit ihnen in ein anderes Zimmer gegangen. Ich durfte nicht mit. Weil der Doktor nähen musste.« Sie zeigt auf seine Stirn. »Hat es sehr wehgetan?«

Jonas blinzelt. Er sieht eine Nadel aufblitzen, erinnert sich an Schmerz. »Ein bisschen«, sagt er.

»Frau Zogg hat dir warme Sachen gebracht. Dann bist du zurückgekommen und du hast ...«

»... komisches Zeug geredet«, sagt Jonas, der sich ganz schwach erinnern kann, den Anfang von *Hells Bells* zitiert zu haben.

Seine Schwester nickt, greift nach Freddy, der immer noch auf Jonas' Bauch liegt, und presst ihn an sich. »Das war unheimlich.«

»Jetzt ist es wieder gut.« Jonas streckt den Arm nach ihr aus. Schnell klettert Emma auf das Bett und kuschelt sich an ihn. »Wo ist Mama?«, fragt er.

»Sie schläft. Der Doktor hat ihr Medizin gegeben.«

Jonas legt den Arm um sie. Er möchte Emma trösten. Ihr sagen, dass alles nicht so schlimm ist. Aber seine Lider werden schwer, die Augen fallen zu. »Habe ich auch Medizin bekommen?«

Emma kichert. »Ganz viel. Papa hat gesagt, das reicht für ein ganzes Pferd.«

Oder zumindest für einen kurzen Ausflug in den Himmel, denkt Jonas. Diesmal will er nicht in den Himmel. Er will einfach nur schlafen.

Irgendwann später erwacht er unter einer kratzigen Militärdecke. Ungelenk schält er sich aus der Decke und schwingt die Beine über die Bettkante. Braune Cordhosen? Er kneift die Augen zusammen, aber als er sie wieder öffnet, sind die Hosen immer noch gleich. Verwirrt schaut er an sich hinunter. Er steckt in einem roten Sweater mit einem Schweizer Kreuz – und braunen Cordhosen! Freiwillig würde er so was nie anziehen. Was läuft hier?

Nur langsam kommt die Erinnerung zurück. Das müssen Frau Zoggs warme Sachen sein. Nun, warm sind sie tatsächlich. Über den Rest müsste man diskutieren, wenn gestern nicht die Welt aus den Fugen geraten wäre.

»Wie geht es dir?«

Jonas hebt vorsichtig seinen Kopf. Vor ihm steht Frau Meier, die Frau des Pfarrers, bewaffnet mit einem Klemmbrett, einem Kugelschreiber und einem Lächeln.

»Gut«, murmelt Jonas. »Wo sind die anderen?«

»In ihren Häusern.« Frau Meier schreibt etwas auf ein Papier, das Jonas nicht sehen kann. »Die Erwachsenen und die älteren Kinder räumen auf, die Kleinen werden in der Schule betreut.« Sie fährt mit dem Finger auf dem Papier entlang, hält inne, nickt. »Deine Mutter und deine

Schwester haben um 7:35 Uhr gefrühstückt und die Anlage um 7:50 Uhr verlassen.« Für einen Moment verschwindet ihr Lächeln. »Leider hat deine Mutter darauf beharrt, Emma mitzunehmen, statt sie in der Obhut von Frau Roduner zu lassen.«

Jonas schaut auf seine Uhr. Halb neun. Warum haben sie ihn nicht geweckt? Als ob Frau Meier die Frage gehört hätte, sagt sie: »Erschöpfte und betagte Personen haben wir hierbehalten.«

Betagt ist Jonas nicht, also ordnet ihn Frau Meier bei den Erschöpften ein. Das trifft seinen Zustand ziemlich genau. Trotzdem will er raus aus dem Schutzraum.

»Doktor Bänziger meint, du hast Glück gehabt. Du hattest eine hässliche Platzwunde am Kopf. Sie war nicht einfach zu nähen. Wahrscheinlich gibt es eine Narbe.«

So genau hat es Jonas gar nicht wissen wollen. »Kann ich jetzt gehen?«, fragt er.

»Ohne zu frühstücken?« Frau Meier legt das Klemmbrett auf die Decke und setzt sich zu ihm. »Du musst etwas zu dir nehmen, Jonas.«

»Hab keinen Hunger«, murmelt er.

»Du weißt doch: Der Appetit kommt mit dem Essen.«

Das bezweifelt Jonas. Ihm wird schon beim Gedanken daran übel.

Frau Meier legt ihre Hand auf seinen Arm. »Wir haben das Schulzimmer von Herrn Kaminski zum Essraum umfunktioniert. Wenn du gegessen hast, wird der Doktor noch mal nach deiner Wunde sehen.« Sie tätschelt seine Hand, lächelt ihm aufmunternd zu und steht auf. Jonas schaut ihr nach. Sobald er sicher ist, dass sie ihn nicht mehr beachtet, macht er sich aus dem Staub.

Kaum ist er zur Tür raus, blendet ihn gleißendes Sonnenlicht. Er hält schützend die Hand über die Augen und

schaut hinunter zum Talboden, dorthin, wo der Bach gewütet hat. Meterbreit zieht sich ein Band aus Geröll,
Baumstämmen und Schlamm durch das Dorf. Bei der Sägerei von Hämmerli, wo die Straße nochmals ansteigt, bevor sie aus dem Tal hinausführt, leuchtet der Asphalt. Auf
dem unversehrten Streifen stehen, wie Perlen einer Kette
aneinandergereiht, Autos. Jede Menge Autos, aus denen
sich ein Strom von Schaulustigen ins Dorf ergießt.

Jonas läuft los. Zu jenem Stück Land, wo es besonders
schlimm aussieht. Seinem Zuhause. Er muss dort sein, bevor diese Menschenmasse es erreicht. Nicht auszudenken,
was passiert, wenn sich all die Gaffer auf seine Familie
stürzen.

Rennen ist nicht drin mit einem Bienenstock im Kopf.
Sogar das Gehen fällt schwer. Jonas verflucht in Gedanken die Wirkung der Medizin, die für ein Pferd gereicht
hätte, aber nicht für den Weg nach Hause. Falls er überhaupt nach Hause kommt.

Der Bach hat ganze Arbeit geleistet. Keine zehn Riesen
würden so was schaffen. Wahrscheinlich nicht einmal
Balthasars außerirdische Boten. Jonas stolpert über Steine
und kaputten Hausrat, weicht Geäst aus und bleibt immer
wieder im Schlamm stecken, der an einigen Stellen schon
einzutrocknen beginnt. Bald wird er hart sein wie Beton.
Drei Häuserzeilen und die Hauptstraße breit zieht sich das
Band der Zerstörung durch den Ort. Je weiter sich Jonas
vorkämpft, desto tiefer stehen die Häuser im angeschwemmten Schutt. Dort, wo die Straße sein sollte,
kämpfen Baumaschinen röhrend gegen das Chaos an. Wie
Spielzeuge in einem viel zu großen Sandkasten.

Noch kleiner und kümmerlicher als die Baumaschinen
sind die Menschen, die sich wie Ameisen im Durcheinander bewegen. Ein sinnloses Unterfangen. Um Ordnung in

diese Verwüstung zu bringen, brauchen die Menschen im Dorf Verstärkung.

Zwar fällt gerade eine Horde Gaffer ins Dorf ein, aber die kommt nicht mit Werkzeugen, um zu helfen, sondern mit Kameras und Handys. Wie Heuschrecken stürzt sie sich auf die schlimmsten Zerstörungen und setzt zu einer Klickorgie an: Ein Auto, dessen Heck aus dem Schlamm ragt. Klick. Ein Sofa, vom Wasser mitgerissen und dann an einer Hausecke hängengeblieben. Klick. Klick. Eine Puppe mit dem Gesicht nach unten, bestimmt schmerzlich vermisst von dem Mädchen, dem sie einst gehörte. Klick. Klick. Klick.

Wenn diese Katastrophentouristen ihre Gier nach spektakulären Bildern befriedigt haben, schicken sie die Fotos ihren Freunden und Bekannten, stellen sie ins Internet oder verkaufen sie an die Presse. »Ich war dort«, werden sie sagen. »Schrecklich. Einfach schrecklich! Hoffentlich trifft uns so etwas nie.« Und wenn sie jemand nach dem seltsamen blonden Mädchen in der Schwimmweste auf den Bildern fragt, werden sie seufzen und Mitleid heucheln. »Ach, stell dir vor. Das war irgendwie rührend. Die hat wirklich eine rosa Schwimmweste getragen.«

Jonas will das nicht. Er wirft einen Blick auf die Gaffer, für die dieser Sonntag der pure Nervenkitzel ist, eine aufregende Abwechslung zu ihren normalen Sonntagen, und legt einen Zacken zu. Er muss vor ihnen bei Emma sein!

5

Emma sitzt auf einem angeschwemmten Baumstamm und beobachtet etwas, das Jonas nicht sehen kann. Vater ist es nicht, denn der brüllt irgendwo im Haus seinen Frust unüberhörbar in die Welt hinaus. Automatisch zieht Jonas seinen Kopf ein und stiehlt sich an den kaputten Fenstern vorbei. Gerade als er aufatmen will, weil ihn Vater nicht entdeckt hat, bleibt er entsetzt stehen.

Der Baumstamm, auf dem Emma sitzt, ragt fast einen Meter über den Abgrund, der wie eine offene Wunde neben dem Haus klafft. Obwohl es nicht mehr regnet, wälzt sich das Wasser immer noch graubraun durch das erweiterte Bachbett.

Jonas kämpft gegen flatternde Nerven und den Drang, seiner Schwester eine Warnung zuzurufen. Langsam geht er auf sie zu. Emma bemerkt ihn erst, als er neben ihr steht. Sie hebt die Hand und zeigt mit dem Finger auf das, was einmal ihr Garten gewesen ist. Wie eine Schlafwandlerin taumelt Mama über das verwüstete Gelände, auch sie gefährlich nahe am Abgrund. Mit einem Schlag ist es Jonas speiübel. Ohne Mama aus den Augen zu lassen, hebt er Emma hoch. »Was macht Mama da?«, fragt er.

Emma hält ihm einen silbernen Löffel hin.

Jonas hat keine Ahnung, was sie ihm damit sagen will. »Was macht Mama?«, wiederholt er seine Frage.

»Sie sucht das Besteck«, sagt Emma.

Vielleicht hat der Kerzenständer das Hirn dauerhaft geschädigt, als er gegen die Stirn krachte. Oder die Medizin von Doktor Bänziger hat starke Nebenwirkungen. Jonas versteht überhaupt nichts. Und dann kniet sich Mutter auch noch hin und beginnt mit den Händen zwischen den Steinen im Schlamm zu graben.

»Komm!« Er lässt seine Schwester behutsam zu Boden gleiten. »Wir gehen zu Mama.«

Gemeinsam stapfen sie durch den zerstörten Garten. Mama scheint sie nicht zu bemerken. Jonas kauert sich nieder und legt ihr behutsam die Hand auf die Schulter. Mit einem leisen Schrei schießt sie hoch, ihr Kopf knallt gegen Jonas' Stirn. Das Letzte, was er sieht, ist ein schlammbedeckter Löffel. Dann wird es zum zweiten Mal in zwei Tagen dunkel um ihn herum.

Durch einen zappendusteren Tunnel dringen Stimmen zu ihm durch. Etwas leuchtet ihm ins Gesicht. Er hebt die Hand, um sich vor der grellen Helligkeit zu schützen.

»Ja, gut, beugen Sie sich über ihn.« Die kratzige Frauenstimme könnte einem Kommandanten gehören, aber der einzige Kommandant, den Jonas kennt, ist Hämmerli von der Feuerwehr, und der ist eindeutig ein Mann.

»Jesses, Jonas.« Eine kalte Hand legt sich auf seine Wange. »Das wollte ich nicht.«

»Ist schon gut, Mama«, flüstert Jonas.

»Mam, hör auf!«

Auch das ist eine neue Stimme. Bevor die ganze Sache zu verwirrend wird, ist es wohl Zeit, vorsichtig die Augen zu öffnen und nachzusehen, was hier abgeht.

Knapp über Jonas hängt ein Gerät. Ist das eine Kamera?

Er blinzelt. Ja, eine Kamera. Und dahinter ein Wall roter Haare. Zu den Haaren gehört ein grell geschminktes Gesicht und zum Gesicht ein Körper, der in einem engen, knallbunten Sommerkleid steckt.

»Mam!«

Die Frisur verschwindet aus Jonas' Blickfeld, das Gerät auch.

»Hörst du mich?« Die fremde Stimme ist jetzt ziemlich nah. Wenn sie nicht gerade ihre *Mam* anbellt, klingt sie tief und warm.

»Ja«, murmelt Jonas.

»Sieh mich an!«

Sehr warm sogar. Und ein bisschen besorgt.

Jonas riskiert einen Blick und versinkt in Augen, so tiefgrün wie ein verwunschener Bergsee. Für die längste Sekunde seines Lebens badet er in diesem verlockenden Gewässer.

»Bist du okay?«

Sie könnte alles fragen, Jonas würde Ja sagen. Wenn er denn einen einzigen Ton herausbrächte. Tut er aber nicht, und so nickt er stattdessen. Die Bienen in seinem Kopf beginnen aufgeregt zu summen. Egal. Für diese grünen Augen würde Jonas jeden Schmerz aushalten. Er möchte für immer liegen bleiben und einfach nur in diese Augen schauen, doch die rote Haarpracht drängt sich wieder in sein Blickfeld.

»Geh zur Seite, Lili!«

»Nein!«, widerspricht die warme Stimme entschieden. »Ich will nicht, dass du ihn filmst.«

Jonas stützt sich auf die Ellbogen. Einen Augenblick lang legt sich dichter Nebel um ihn. Als er wieder klar sieht, findet er sich Angesicht zu Angesicht mit der Kamera. Bevor er den Mund öffnen kann, schwenkt das Gerät von ihm weg, richtet sich erst auf Mama, die völlig aufgelöst neben ihm kniet, dann auf Emma. Er muss etwas dagegen tun! Aufstehen. Machen, dass diese grässliche Frau aufhört. Aber wenn er sich bewegt, wackelt alles!

»Emma, hol Papa«, flüstert er.

Doch das ist nicht nötig.

»Was zum Teufel tut ihr da?«, donnert Vaters Stimme über ihn hinweg.

Die rothaarige Kommandantin schaut hoch. Blitzschnell erkennt sie, dass da einer kommt, der es mit ihr aufnehmen kann und wird.

»Lili, wir gehen!«, ruft sie und stöckelt davon.

Erst glaubt Jonas, sein kaputter Kopf empfange falsche Bilder, aber die Frau stöckelt tatsächlich davon. Ihre Füße stecken in Sandalen mit Absätzen, mit denen kein vernünftiger Mensch auf die Straße gehen würde, geschweige denn in ein überschwemmtes Dorf.

Das Mädchen mit den grünen Augen zögert. *Es tut mir leid,* formulieren ihre Lippen, dann folgt es seiner Mutter.

»Ja, haut bloß ab, ihr dummen Weiber!« Vater hebt einen Stein auf und wirft ihn den Flüchtenden hinterher. »Und wehe, ihr sendet das!«

Jonas stöhnt auf und lässt sich zurück auf den Boden gleiten. Alles, was er möchte, ist, dass der Lärm aufhört und er einen Moment ausruhen kann.

»Verdammt, wo warst du so lange?«, dröhnt Vaters Stimme an seine Ohren. »Denkst du, ich kann den ganzen Scheiß alleine machen?«

So viel zum Ausruhen. Jonas rappelt sich hoch. Seine Mutter kommt auf ihn zu und streicht ihm mit ihren schmutzigen Fingern über die Wangen. Jonas greift nach ihrer Hand. »Was ist los, Mama?«, fragt er.

»Ich ... Ich suche das Hochzeitssilber. Es ...« Sie bricht ab.

Jonas schießen Tränen in die Augen. Mama sieht nur noch aus wie Mama. Etwas ist mit ihr passiert. Er versteht bloß nicht, was. »Komm«, sagt er. »Wir gehen ins Haus. Vielleicht finden wir dort noch ein paar Löffel.«

Mama schüttelt den Kopf. »Nein.«

»Hier draußen fallen gleich die Gaffer über uns her. Du willst doch nicht, dass alle unsere Emma fotografieren.«

Wieder schüttelt Mama den Kopf, diesmal noch heftiger als vorher. Sie nimmt Emma an der Hand und verschwindet in Richtung Haus. Wankend folgt ihnen Jonas.

Das Gebäude steckt fast bis zu den Fenstersimsen in der angeschwemmten Masse. Damit sie durch die Tür ins Haus gelangen können, hat Vater hat einen schmalen Zugang freigeschaufelt. Im Haus ist der Wasserpegel seit gestern zwar ein wenig gesunken, doch das brackige Wasser, das nirgendwohin abfließen kann, reicht Jonas immer noch bis zu den Knien. Über dem ganzen Chaos breitet sich zudem ein modriger Geruch aus. Jonas hält sich am Türrahmen fest. Das werden sie nicht alleine hinkriegen. Nie.

»Komm schon!« Ungeduldig winkt ihn Vater ins Innere.

»Wir müssen Mama und Emma in den Schutzraum zurückbringen«, sagt Jonas. »Hier können sie nicht bleiben.«

»Und warum nicht?« Vaters Augen funkeln. »Wir brauchen sie.«

Ah ja. Darum lässt du Mama draußen irgendwelche Löffel suchen und Emma an einem reißenden Bach spielen, denkt Jonas. Es auszusprechen würde ihm nichts als Ärger einbringen, deshalb meint er nur: »Nichts in diesem Haus funktioniert. Außerdem könnten sie sich verletzen. Es liegen jede Menge Glasscherben herum.«

»Sind nicht alles solche Memmen wie du.« Vater wendet sich ab. Er hat wieder einmal alles gesagt, was es seiner Ansicht nach zu sagen gibt. Das Ungesagte steht in seinem Gesicht. *Versager.*

Wortlos geht Jonas zu Emma, die auf der Schwelle zum Wohnzimmer steht und Mutter zusieht, wie sie durch den verwüsteten Raum stolpert.

«Geh nach oben«, sagt er zu ihr. »Denkst du, du kannst dein Zimmer alleine aufräumen?«

Emma nickt. »Und Mama?«

»Ich helfe ihr beim Suchen.« Jonas hebt Emma hoch und trägt sie zur Treppe.

»Was ist Hochsilber?«, fragt Emma, als er sie sachte auf eine trockene Treppenstufe stellt.

»Hochzeitssilber«, korrigiert Jonas. »Das ist etwas ganz Besonderes. Deshalb will Mama es wiederfinden.«

»Ist es wertvoll?« Emma wickelt eine Haarsträhne so fest um ihren Finger, dass die Farbe daraus weicht.

Jonas hat keine Ahnung, was silbernes Besteck wert ist. Wahrscheinlich nicht viel. Er weiß auch nicht, warum es seiner Mutter plötzlich wichtig ist. So wichtig, dass sie nicht zu bemerken scheint, wie ihre kleine Tochter auf einem Baumstamm sitzt, der jeden Moment vom Wasser mitgerissen werden könnte. »Das ist wie mit Freddy«, versucht er es mit einer Erklärung. »Erinnerst du dich? Du wolltest ihn unbedingt haben.«

Unzählige Male hat Emma schon die Geschichte erzählt, wie sie das grünhaarige Ding mit Opa auf dem Flohmarkt gefunden hat. Nur fünfzig Rappen haben sie dafür bezahlen müssen! Und dabei war er doch so etwas Besonderes!

»Jonas!« Aus der Küche kommt ein Stuhl geflogen. Schlammspritzer klatschen an die Wand im Flur, einige treffen Jonas im Gesicht. »Verflucht. Wo bleibst du?«

»Jonas!«

Jonas fährt herum. Noch einer, der seinen Namen ruft.

Unter der Tür steht Grundinger. »Was tust du hier? Der Doktor meint ...«

Weiter kommt der Gemeindepräsident nicht. Vater tritt aus der Küche in den Flur. »Was Bänziger meint, geht mich nichts an. Ich brauche den Jonas hier zum Arbeiten!«

»Ihr dürftet gar nicht hier sein. Das Bauamt muss dein Haus erst freigeben.«

Vater verschränkt die Arme. »Ach ja? Hat es denn die anderen Häuser auch freigegeben?«

Der Gemeindepräsident schrumpft mindestens um fünf Zentimeter zusammen. »Deins könnte vom Bach unterspült worden sein.«

»Könnte es. Ist es aber nicht!«

»Das Bauamt ...«

»Steck dir dein Bauamt ...«

Die beiden werden immer lauter. Jonas weiß, wie der Streit ausgehen wird. Er verdrückt sich ins Wohnzimmer. Es ist leer, seine Mutter ist weg.

Panik erfasst ihn. Was, wenn sie wieder beim Bach ist? Wenn sie hineinfällt, während sich Vater und Grundinger gegenseitig niederbrüllen? Voller Angst klettert Jonas aus dem Fenster und taumelt hinters Haus. Als er seine Mutter an beinahe derselben Stelle wie vorher am Boden kauern sieht, explodiert seine Furcht in einem lauten Schrei. Erschrocken blickt Mama hoch. Jonas rennt zu ihr hin, krallt seine Finger in ihre Schultern und schüttelt sie. »Warum tust du das?«

Sie schaut ihn erstaunt an. »Weil ich muss«, sagt sie.

»Weil du ...« Jonas schluckt den Rest hinunter. Es nützt nichts, wenn er genauso laut herumbrüllt wie Vater. Er räuspert sich. »Warum *musst* du?«

»Damit alles wieder in Ordnung kommt.« Sie gräbt ihre Hände in den Dreck und sucht weiter.

Ein helles Licht blendet Jonas. Er schaut hoch, direkt in die Linse eines Fotoapparats. »Hau ab!«, ruft er. Dann sieht er die anderen. Eine ganze Horde Gaffer stapft auf sie zu. Verdammt! Das ist immer noch ihr Garten, auch wenn es nicht mehr danach aussieht.

»Verpisst euch!«, brüllt Jonas und löst damit eine wahre Blitzlichterflut aus. Erst als er nach einem Stein greift und ihn in Richtung der Schaulustigen wirft, treten sie den Rückzug an. Die ganze Zeit hat Mama nicht aufgeblickt, sondern einfach weiter im Schlamm gewühlt. Jetzt kommt Leben in sie. »Da bist du ja!« Ihre Stimme klingt hell und fröhlich.

Jonas sieht den Löffel in ihrer Hand. Er glitzert wie ein Schatz. Sorgsam wischt ihn Mama an ihrer Bluse ab und hält ihn in die Luft, um ihn dann mit einem Lächeln auf den Lippen in der Jackentasche verschwinden zu lassen.

Es hat keinen Zweck! Mama steckt in einer anderen Welt fest. Wenn Jonas sie schon nicht vor dem Wahnsinn retten kann, dann wenigstens vor den Gaffern. »Komm«, fordert er sie auf, so ruhig, wie es ihm möglich ist. »Ich habe vorhin im Wohnzimmer ein paar Gabeln aus dem Wasser ragen sehen.«

»Wirklich?«

Natürlich nicht. »Ja.«

»Hilfst du mir suchen?«

Jonas schüttelt den Kopf. »Später. Ich muss noch etwas erledigen.«

Ihr Blick gleitet ab, fixiert einen Punkt in der Nähe des Hauses. »Die Gabeln im Wohnzimmer schwimmen mir nicht davon. Ich glaube, dort drüben ist eine gute Stelle.«

»Mama!«

»Keine Sorge, ich passe auf mich auf.«

Der Boden unter Jonas wankt. Zumindest fühlt es sich so an. Er packt das nicht allein! Kein Mensch packt so was allein. Jemand muss ihm helfen.

6

»He, du!« Danuser steht vor seiner umgekippten Scheune und winkt Jonas mit seinen dünnen Armen zu sich heran.

»Lass mich in Ruhe«, murmelt Jonas.

Er hat seine eigenen Probleme, und wenn ihm jemand bei diesen Problemen nicht helfen kann, dann der alte Spinner von nebenan.

»Jonas!«

Jonas hier, Jonas da, alle wollen etwas von ihm. Weiß der Himmel warum. Er kann doch gar nichts tun! Falls es noch niemand bemerkt hat: Er ist fünfzehn. FÜNFZEHN! Und hoffnungslos überfordert von diesem ganzen Scheiß.

»Ich weiß, wie ich heiße!«, ruft er genervt.

»Immerhin!«, ruft Danuser zurück. »Zu viel mehr scheint es auch nicht zu reichen.«

Volltreffer. Jonas bleibt stehen.

»Was macht eigentlich deine Mutter dort drüben?«

Warum interessiert das den Alten? Er hat alles verloren. Da spielt es doch überhaupt keine Rolle, was Mama tut! Jonas will ins Haus verschwinden und sich verkriechen. Seine Beine machen etwas anderes. Sie tragen ihn hinüber zu Danuser. Jonas hat keine Ahnung warum, aber er stellt sich neben den alten Mann und schaut gemeinsam mit ihm seiner Mutter zu, wie sie auf dem Boden kauert und im Dreck nach Hochzeitssilber sucht.

»Diese Höllenmusik, die du immer hörst ...« Danuser streicht seine wirren Haare an den Schädel, »... die gefällt mir.« Er lacht wie eine meckernde Ziege.

Vielleicht ist er hinüber, denkt Jonas. Hat gestern auf dem Dach im Kopf einen Schalter umgelegt und tickt jetzt anders. Er weiß nicht so recht, was er sagen soll.

»Echt?«, fragt er.

»Ja. Hat was. Wie heißen denn die Kerle?«

Okay. Dann unterhalten sie sich eben über Musik.

»AC/DC. Iron Maiden. Metallica.«

»Ich verstehe das englische Zeugs zwar nicht, aber da steckt Kraft drin.« Der Alte greift in seine Hosentasche und klaubt umständlich eine ziemlich lädierte, selbst gedrehte Zigarette heraus. »Hast du Feuer?«

»Nein.«

»Rauchst wohl nicht, was?« Danuser steckt die Zigarette in den Mund und zieht daran, obwohl sie nicht brennt. »Schade, dass mein Pressluftbohrer verschwunden ist.«

»Warum?«, fragt Jonas verwirrt.

»Sieht aus, als könnte deine Mutter ihn brauchen.«

Um nach Hochzeitssilber zu suchen? Oh Mann, der Alte tickt wirklich anders. »Und du?«, fragt Jonas, »ich meine, brauchst du ihn nicht für dich?«

Wieder meckert Danuser wie eine Ziege. »Was soll ich denn jetzt noch damit?« Er macht mit dem Arm eine ausladende Bewegung. »Ist alles weg. Mit etwas Glück hat der verfluchte Bach auch den Sondermüll weggeschwemmt. Und sonst ist es auch egal.«

So was ist nicht normal. Nicht einmal, wenn einer den Schalter umgelegt hat.

»Tut mir leid um dein Haus«, sagt Jonas. »Vielleicht kann man es ja wieder aufbauen. «

»Ach, dazu bin ich zu alt.«

»Aber ...«

»Weißt du ... ich könnte einen Wohnwagen aufstellen.«

Danuser kaut auf seiner Zigarette herum, als wolle er sie

essen, wenn er sie schon nicht rauchen kann. »Oder ich wohne in der Scheune.« Er deutet auf das umgekippte Gebäude hinter ihm. »Mir würde das genügen.«

Dem Bauamt aber nicht, denkt Jonas. Ihm fällt Grundinger ein. Ob er und Vater sich fertig gestritten haben? Auf jeden Fall kann er die beiden nicht hören.

»Das mit dem Wohnwagen gefällt mir besser«, sagt Jonas. Es tut gut, neben dem irren Danuser zu stehen und über etwas zu reden, das nichts mit seiner Familie zu tun hat. »Sobald du einen hast, kannst du meinen alten CD-Player haben. Ich brenne dir ein paar Alben.«

Danuser nimmt die zerkaute Zigarette aus dem Mund. »Keine Ahnung, wovon du sprichst, aber es klingt nach einer tollen Idee.«

»Ich muss zurück.« Jonas löst den Blick von seiner Mutter. Sie scheint zu wissen, was sie will, und vielleicht ist das das Einzige, was wirklich wichtig ist. »Hast übrigens cool ausgesehen, gestern, auf dem Dach.«

Diesmal wiehert der Alte, bis ihm vor Lachen die Tränen kommen. Er wischt sich über die Augen. »Bin fast verreckt vor Schiss«, gesteht er. »Aber sag das ja niemandem.«

Jonas grinst. »Bleibt unter uns. Was machst du jetzt?«

»Nachdenken. Und du?«

»Vater helfen.«

Das ist zwar mehr oder weniger eine *Mission Impossible*, aber die Welt ist so was von aus den Fugen geraten, dass es vielleicht sogar für etwas gut ist. Was auch immer.

»Viel Glück«, brummt Danuser.

»Kann ich brauchen.« Jonas steckt die Hände in die Hosentaschen und stapft zum Haus zurück.

Vor den Fenstern stapeln sich Möbelstücke. Auf den ersten Blick sieht für Jonas alles wie eine Abfalldeponie aus, auf den zweiten erkennt er das System dahinter. Vater versucht, das Chaos zu ordnen. Zerbrochenes, nutzlos Gewordenes auf der einen Seite; Verdrecktes, Schlammbedecktes auf der anderen Seite. Durch das Wohnzimmerfenster beobachtet Jonas seinen Vater, wie er einen aufgeweichten Sessel bearbeitet.

»Warte!«, ruft er. »Ich helfe dir.«

Vater hebt den Kopf, doch er sagt kein Wort. Seine verbissene Miene spricht Bände. Jonas schlittert hinunter zum Eingang, hinein in den Flur. Er packt mit an, erträgt den pochenden Kopf und die Anpfiffe seines Vaters, dem er es sowieso nicht recht machen kann, egal, was er tut. Es ist, wie es ist. Wie es immer war. Und doch anders.

Die Zeit verliert an Bedeutung. Der Tag besteht nicht aus Stunden, sondern aus Ordnungseinheiten.

Alles noch Brauchbare im Wohnzimmer aussortiert: eine Einheit. Alles Kaputte im Wohnzimmer ausgemustert: eine Einheit. Alles noch Brauchbare in der Küche aussortiert: eine Einheit. Alles Kaputte in der Küche ausgemustert: eine Einheit. Und so geht es immer weiter. Raum um Raum. Einheit um Einheit.

Es gibt keinen Strom, aus den Hähnen kommt kein Wasser, die Toiletten funktionieren nicht. Dort, wo sich die Nässe zurückgezogen hat, trocknet der Schlamm zu einer steinharten Masse. Die Arbeit bekommt etwas Mechanisches. Der Körper funktioniert. Das Hirn schaltet sich aus.

Irgendwann kehrt Mutter zurück ins Haus, erschöpft von ihrer Suche. Ihre Augen leuchten, als ihr Jonas seine Fundstücke hinhält: eine Gabel und zwei Messer.

Viele Ordnungseinheiten später sieht es immer noch beinahe so aus wie viele Ordnungseinheiten zuvor. Alles tut weh. Die Arme, der Rücken, die Beine, der Kopf. Trotzdem gönnen sie sich keine Pause. Jonas ackert seine Einheiten ab wie ein Besessener.

»Genug für heute«, erklärt Vater am späteren Nachmittag. »Ich habe Hunger.«

Erst jetzt fällt Jonas auf, dass sie den ganzen Tag noch nichts gegessen haben. Er denkt an die verwüstete Küche, den überschwemmten Keller mit den Notvorräten.

»Hat Grundinger ...«

»Der Wichtigtuer hat mir nichts zu sagen!«, fällt ihm Vater ins Wort. »Gar nichts!«

»Das meine ich nicht«, sagt Jonas. »Im Schulhaus gibt es zu essen. Da könnten wir hin.«

Bevor Vater losdonnern kann, lässt Jonas ihn stehen und steigt die Treppe hoch. Soll der zornige Mann tun, was er will, Jonas wird jetzt Mama und Emma holen und mit ihnen zum Schulhaus hochgehen. Er stürmt in sein Zimmer und greift wahllos nach einem Pullover und einer Jeans, zieht die vor Schmutz starren Sachen von Frau Zogg aus und schlüpft in frische.

Als er wieder auf den Flur tritt, fällt ihm auf, wie still es ist. Jonas wirft einen Blick ins Schlafzimmer seiner Eltern. Mama liegt auf dem Bett und schläft. Auf der Kommode ruhen fein säuberlich aufgereiht silberne Messer, Gabeln und Löffel. Jonas zieht die Tür zu und sieht in Emmas Zimmer nach. Es ist leer.

»Emma?« Er wartet vergeblich auf eine Antwort. »Emma, wo bist du?«

Es bleibt unheimlich still. Sie haben nicht auf Emma aufgepasst. *Er* hat nicht auf Emma aufgepasst, hat sie einfach vergessen. Was, wenn ...

Jonas stürzt aus dem Haus. »Emma!«, schreit er. »Emma!«

Er findet sie bei Danuser. Die beiden haben sich aus Steinen und einem alten Brett eine Sitzbank gebastelt und stecken die Köpfe zusammen.

Jonas' Wut entlädt sich über dem alten Mann. »Verflucht, du hättest uns sagen sollen, dass Emma bei dir ist!«

»Deine Schwester ist ein blitzgescheites kleines Ding«, antwortet Danuser seelenruhig.

»Sepp!«, Jonas Stimme überschlägt sich vor Zorn.

Der alte Mann hebt beschwichtigend die Hände. »Beruhige dich.«

Nein! Jonas will herumbrüllen. Den Überdruck ablassen. Sich mit Danuser anlegen. Doch der Alte, der jahrelang gewütet hat wie ein Wilder und wegen allem und jedem einen Streit angezettelt hat, sitzt da wie ein erleuchteter Heiliger. Jetzt streckt er auch noch seinen Arm aus und will nach Jonas' Hand greifen.

Das ist zu viel. Jonas packt Danuser an seinem verwaschenen Militärhemd und zieht ihn hoch. »Du bist krank!«, schreit er. »Total krank im Hirn. So einen wie dich sollten sie abholen und in der Klapse einsperren.«

»Jonas!«

Wie durch Watte dringt Emmas Stimme in seine Ohren. Schwer atmend lässt er seinen Nachbarn los.

Danuser rückt sein Hemd zurecht, streicht es glatt und setzt sich wieder neben Emma. Er zeigt auf Jonas' Pullover. »Was zum Teufel ist AC/DC?« Danuser spricht den Bandnamen deutsch aus. AA-CEE-DEE-CEE.

Es dauert einen Moment, bis Jonas merkt, wovon der Alte redet. »Äii-Sii-Dii-Sii«, sagt er. Immer noch zu laut, aber er schreit nicht mehr.

»Aha. Eine deiner Musikgruppen.«

Jonas will nicht über Musik reden. Er will überhaupt nicht mit dem Alten reden.

»Wir bauen eine Arche«, erklärt Emma. »Für Sepp.«

Jonas denkt an den Hühnerstall. »Sepp hat keine Tiere mehr.«

Tränen schießen in Emmas Augen.

»Du hast bestimmt Hunger«, versucht Jonas, sie abzulenken. »Lass uns zuerst etwas essen«

»Aber danach bauen wir die Arche, nicht wahr?«

Zum Teufel mit der Arche, denkt Jonas. Zum Teufel mit dem Alten und seinen verrückten Ideen. Er wirft Danuser einen giftigen Blick zu.

»Das war nämlich meine Idee«, erklärt Emma stolz. »Das mit der Arche.«

Hilflos sucht Jonas nach Worten.

Danuser springt für ihn ein. »Wenn wir eine Arche bauen wollen, musst du stark sein, Emma.« Er winkelt seine Arme an wie ein Bodybuilder. »Vom Essen bekommt man Muskeln. Vor allem vom Gemüse.«

Emma blinzelt sich die Tränen aus den Augen. »Kommst du auch mit, Sepp?«

»Ich muss noch etwas flicken.«

Enttäuscht schaut Emma den alten Mann an. Er fährt ihr mit seiner rauen Hand über die Wange. »Geh schon mal vor. Und iss mir nicht alles weg.«

»Mach ich nicht!«, kräht Emma schon wieder fröhlich.

Jonas streckt ihr die Hand hin. Sie greift danach und trottet neben ihm her. »Kommen Mama und Papa auch mit?«

Jonas schluckt den Kloß in seinem Hals hinunter. Vor dem Haus setzt er Emma auf einen der heil gebliebenen Stühle und sagt ihr, sie solle auf ihn warten.

Seine Mutter liegt immer noch schlafend auf dem Bett. Jonas muss ihren Namen ein paarmal rufen, bis sie die Augen öffnet und ihn verwirrt anschaut. Dann scheint die Erinnerung zurückzukommen. Mama richtet sich auf, wirft einen Blick auf die Kommode mit dem Hochzeitssilber und lächelt. »Ich glaube, ich habe Hunger«, sagt sie.

Wärme schießt durch Jonas' Körper, zum ersten Mal seit Stunden. In die leere Hülle ist Leben zurückgekehrt; ein bisschen von Mama ist wieder da.

»Im Schulhaus gibt's was zu essen.«

»Ich muss nicht kochen?«

Jonas schüttelt den Kopf.

»Sind wir eingeladen?«

Er lächelt sie an. »Ja.«

Mama steht auf und schlüpft in ihre Schuhe. Zusammen gehen sie nach unten, wo Vater verbissen mit einer Schaufel gegen das Chaos kämpft.

»Emma wartet draußen. Sie möchte, dass du mit uns essen kommst«, sagt Jonas.

»Wir nehmen nichts von anderen! Geh einkaufen!«

»Der Dorfladen ist kaputt. Die Bäckerei auch. Papa, wir müssen ins Schulhaus!«

Vater schleudert die Schaufel in eine Ecke. »Dann gehen wir halt!«

Doch als sie im Schulhaus ankommen, erklärt ihnen Frau Meier mit einem freundlichen Lächeln im Gesicht, dass der Hirschenwirt angeboten hat, die betroffene Bevölkerung zu versorgen.

Jonas seufzt leise. Ausgerechnet der Hirschenwirt! Mit dem ist sein Vater heillos zerstritten. Er hat öffentlich geschworen, den Hirschen nie wieder zu betreten.

»Es ist umsonst«, erklärt Frau Meier.

»Umsonst?«, fragt Vater misstrauisch. »Also gratis?«

Frau Meier nickt begeistert.

Auf Vaters Gesicht legt sich ein gemeines Grinsen. »Nun denn, nichts wie los!«, befiehlt er. »Schlagen wir uns auf Justus' Kosten den Magen voll!«

1

Vater spuckt auf den Boden, bevor er schwungvoll die Tür öffnet. Dann betritt er das Lokal, in das er nie wieder einen Fuß setzen wollte, und geht erhobenen Hauptes auf den einzigen noch freien Tisch zu. Der Familie bleibt nichts anderes übrig, als ihm zu folgen. Die Gespräche verstummen. Deutlich fühlt Jonas die Blicke der Anwesenden auf sich, hört ein leises Tuscheln.

»Hört ihr, wie sie sich die Mäuler zerreißen, weil ich hier bin?«, flüstert Vater eine Spur zu laut, während sie sich setzen.

»Doch nicht wegen dir, Karl!«, ruft der Gunten-Josef durch den ganzen Raum. »Dein Junior ist im Fernsehen!«

Schallendes Gelächter bricht aus. Jonas' Blick fällt auf den Bildschirm über der Theke. In Großaufnahme springt ihn sein Gesicht an. Weiß wie eine Leinwand. Und weggetreten wie ein Koala auf einem Eukalyptustrip. Jonas will nur eins: Abhauen! Dazu müsste er aufstehen können, doch seine Knie zittern zu sehr. Also bleibt er sitzen, zieht den Kopf zwischen die Schultern und starrt auf den Tisch.

Eine kleine Hand legt sich auf seine.

Bitte sag jetzt nichts, Emma, denkt Jonas.

»War das die Frau mit den roten Haaren und den hohen Schuhen? Warum hat sie das gemacht?« Emmas helle Stimme übertönt das Getuschel, das für einen Moment unterbrochen wird und dann weitergeht.

Jonas hat keine Antwort. Er wünscht sich, das sprichwörtliche Loch im Boden möge sich auftun, damit er darin verschwinden kann. Doch der Bretterboden weicht keinen Millimeter. Das Leben geht einfach weiter. Jonas will nicht hinsehen und tut es trotzdem. Er schaut sich selber zu, wie er sich an den Kopf greift und ins Leere starrt, während eine kratzige Frauenstimme irgendetwas sagt, was er vor Scham nicht mitbekommt. Es muss etwas sein, was ihn zum Vollidioten macht, denn die Leute im Restaurant lachen. Dann ist sein Gesicht weg, und Emma füllt den Bildschirm aus. Ihre Haare glänzen in der Sonne, ihre großen Kulleraugen blicken fragend in die Kamera. Mit den Händen nestelt sie an der Schwimmweste herum.

Jemand ruft: »Gebt ihr Leonardo DiCaprio!«, und wieder bricht Gelächter aus, das noch mehr anschwillt, als ein Schnitt auf Balthasar folgt, der mit ernster Miene seine Theorie über die Boten der Erlösung und das Ende der Welt verkündet. Von Balthasar schwenkt die Kamera über den zerstörten Dorfteil. Die Kratzstimme nimmt einen dramatischen Unterton an. In schlechter Bildqualität sieht man Danuser mit ausgebreiteten Armen auf dem Giebel. *Handyaufnahmen eines Zuschauers* steht darunter eingeblendet.

Das Gelächter im Restaurant verstummt, das Getuschel hört auf. Angespannte Stille füllt den Raum bis in die Winkel. Selbst dem Hinterletzten ist bewusst geworden, dass es um ihn und sein Dorf geht. Die Katastrophe ist da, hier bei ihnen.

Der Gunten-Josef löst sich als Erster aus der Starre. Er knallt seine Pranke auf den Tisch und stößt einen lauten Fluch aus. Einen Augenblick lang wird es mucksmäuschenstill. Dann reden alle durcheinander. Nur die Familie Regenass sitzt schweigend am Tisch. Vater schaufelt verbissen die Gemüsesuppe in sich hinein, Mutter streicht mit der Hand übers Besteck.

»Wer ist Leonardo?«, fragt Emma.

Es dauert einen Moment, bis Jonas begreift, von wem sie spricht. »Ein Schauspieler. Er hat in einem Film mitgemacht, in dem er am Schluss ertrunken ist.«

Emmas Augen weiten sich. »Ist er tot?«

»Nein. Im Film ist nichts echt. Die tun nur so.«

»Aber Sepp war echt.«

Ja, Danuser war echt. Und alles andere auch. Jonas hat keinen Hunger mehr, trotzdem isst er mit gesenktem Kopf weiter.

Nach dem Essen gibt Vater das Zeichen zum Aufbruch. Grundinger stellt sich ihm in den Weg. »Du gehst nicht nach Hause«, sagt er.

»Und du hast mir nichts zu sagen!« Vater will den Gemeindepräsidenten aus dem Weg schieben, doch der schwere Mann lässt sich nicht verdrängen. »Karl, nimm endlich Vernunft an!«

»Erklär du mir nicht, was vernünftig ist. Vernünftig wäre zum Beispiel gewesen, uns diese verdammten Bachverbauungen zu erkämpfen. Wenn ich ...«

»Du bist aber nicht Gemeindepräsident, sondern ich. Und als solcher befehle ich dir, deine Familie in den Schutzraum zu bringen. Es ist nur noch für heute. Danach haben wir eine Übergangslösung für alle Betroffenen.«

Das hätte er besser nicht gesagt. Vater holt Luft, um seinem Rivalen gehörig die Meinung zu geigen. Er kommt nicht dazu. Hämmerli, der in einer Ecke gesessen hat, steht auf und stellt sich neben Grundinger. »Hör auf ihn!«, sagt er. »Dein Haus ist nicht bewohnbar. Sieh es endlich ein!«

»Meine Familie braucht keine Übergangslösung.«

»Es ist ja nicht für immer.« Hämmerli will Vater die Hand auf die Schulter legen, aber der weicht zurück.

»Lasst mich in Ruhe!« Er kehrt den beiden den Rücken zu. »Kommt«, sagt er laut zu seiner Familie und wirft einen verächtlichen Blick in die Runde. »Wir gehen.«

»Warte!« Grundinger räuspert sich. »Heute Abend um acht Uhr findet in der Turnhalle eine Informationsveranstaltung statt. Es wäre gut, wenn ihr auch dabei wärt.«

Wortlos setzt sich Vater in Bewegung. Hämmerli und der Gemeindepräsident machen ihnen Platz. Wie schon beim Betreten des Restaurants fühlt Jonas die Blicke auf sich. Doch die Stimmung ist diesmal eine andere. Er hört kein neugieriges Tuscheln oder gar schadenfreudiges Gelächter, sondern dumpfes, mitleidiges Gemurmel. Beklommen greift er nach Emmas Hand. Nicht, weil er seine Schwester aufmuntern will; es ist anders herum. Ohne die tröstende Wärme von Emmas Nähe würde er es nicht bis zur Tür schaffen.

Vater marschiert voraus, die Hände tief in den Hosentaschen vergraben, den Kopf wie ein gereizter Bulle zwischen den hochgezogenen Schultern. Der Rest der Familie geht schweigend hinter ihm her.

»Ich habe Angst«, wimmert Emma. »Das Haus macht so komische Geräusche.«

Während Jonas mit seiner Schwester vor der Tür stehen bleibt, gehen Vater und Mama hinein. Kurze Zeit später kommt Mama wieder nach draußen. »Es ist noch nicht komplett«, murmelt sie. »Das bringt Unglück.«

Ohne weitere Worte nimmt sie Emma bei der Hand und läuft los.

Im oberen Stockwerk klirrt und scheppert es. Das war dann wohl das Unglück bringende, nicht komplette Hochzeitssilber, das gerade gegen eine Wand geflogen ist. Jonas versteht die Wut seines Vaters. Trotzdem geht er nicht ins Haus. Auch wenn Vater das nicht einsehen will: Alleine packen sie das nie und nimmer. Zu groß ist die Verwüstung. Und so wendet sich Jonas ab von dem, was bis vor Kurzem sein Zuhause war, und folgt Emma und Mama in den Schutzraum.

Dort sind nicht mehr so viele Leute wie am Vorabend. Jonas erkennt die Bäckerfamilie und ein paar andere Nachbarn, die auch nicht in ihre Häuser zurückkehren wollen oder können. Sie sitzen in kleinen Gruppen zusammen und reden leise miteinander.

»Einige Betroffene sind bei Verwandten untergekommen«, erklärt Frau Meier. »Und für die anderen haben wir eine Übergangslösung gefunden.« Schon wieder lächelt sie. »Der Gemeindepräsident wird sie auf der Versammlung bekannt geben. Ihr könnt die Betten ganz am Ende haben, dann seid ihr für euch. Ein bisschen zu essen und trinken hat es dort vorne.« Sie zeigt auf einen Tisch in der Ecke, neben dem ein Kühlschrank steht, der heute Morgen noch nicht dort gestanden hat. Jemand hat zwei Sofas hergeschafft und vor dem Fernseher aufgebaut.

Zu Jonas' Erleichterung läuft das nationale Programm und nicht der Lokalsender, in dem sie der Lächerlichkeit preisgegeben worden sind.

»Heute Abend um acht ...«

»Wissen wir schon«, unterbricht Jonas Frau Meier.

»Gut.« Sie streicht sich fahrig über ihren Rock. »Ihr könnt in den Umkleidekabinen der Schule duschen. Habt ihr Wäsche zum Wechseln mitgebracht?«

Jonas schließt die Augen. Warum hat er nicht daran gedacht? »Ich gehe welche holen«, sagt er.

Zuerst aber führt er Mama und Emma ans Ende des Schutzraums und verspricht ihnen, dass er nicht lange wegbleiben wird.

Auf dem Weg nach draußen hält ihn Frau Meier auf.

»Was ist mit deiner Mutter?«, fragt sie leise.

»Nichts.«

»Ich könnte ...«

»Mit meiner Mutter ist alles in Ordnung«, zischt Jonas. »Sie ist nur etwas müde.«

Frau Meier weicht zurück. »Aber ihr Verhalten. Das ist doch nicht ...«

Bevor sie *normal* sagen kann und Jonas ihr deswegen an die Gurgel springt, verschwindet er schnell aus ihrem Blickfeld.

Er riecht das Feuer, bevor er es sehen kann, und beginnt zu rennen, getrieben von der Angst, Vater könnte in einem Wutanfall das Haus angezündet haben. Keuchend schlittert er bei der Bäckerei um die Ecke, auf das Schlimmste gefasst.

Aber Vater hat gar nichts getan. Danuser sitzt vor einem Lagerfeuer und setzt gerade eine Flasche an den Mund. Er bemerkt Jonas und winkt ihn mit der freien Hand zu sich heran. Schnell schaut Jonas weg und tut so, als hätte er den alten Mann nicht gesehen. Er will nicht mit ihm sprechen; er will mit überhaupt niemandem sprechen, auch mit Vater nicht, der irgendwo im Haus ist und bestimmt ein ganzes Arsenal von Vorwürfen auf Lager hat.

Vor dem Haus legt Jonas eine kurze Pause ein. Obwohl er nicht an den Mist mit dem Tiefdurchatmen glaubt, saugt er eine Ladung Sauerstoff in seine Lungen. Den Lungen geht es danach ein wenig besser, doch Jonas' Magennerven flattern wie blöd, und Luft zu holen nützt etwa so viel, wie morgens um acht den Computer anzumachen und zu versuchen, ein Ticket für das einzige Schweizer Konzert von AC/DC zu ergattern. Nämlich gar nichts. Der

Gig war in 29 Minuten ausverkauft. Der Gang in das obere Stockwerk dauert geschätzte 29 Sekunden, einen kurzen Angststopp mit eingerechnet.

»Vater?« Jonas schaut durch die Schlafzimmertür.

Vater sitzt reglos auf dem Bett und starrt auf seine Hände. Erst jetzt bemerkt Jonas, wie rissig sie sind. Und voller blutig aufgeplatzter Blasen. Die müssen höllisch wehtun.

»Papa?«

Vater antwortet nicht. Er schaut einfach nur auf seine Hände.

»Ich ... Ich hole ein paar Sachen.«

»Mach, was du willst«, flüstert Vater.

Seit er sich erinnern kann, hat sich Jonas immer gewünscht, sein Vater würde nicht nur anordnen und befehlen, sondern ihm auch mal vertrauen und ihn einfach machen lassen. Er hat versucht, sich vorzustellen, wie das wäre. Keine einzige Version sah auch nur im Entferntesten aus wie dieses teilnahmslose *Mach, was du willst*.

Jonas möchte Vater durchschütteln, ihn anschreien und daran erinnern, dass er der Erwachsene ist und verdammt noch mal Verantwortung tragen soll, doch die Angst raubt ihm die Stimme und die Kraft. Noch nie, gar nie, hat Jonas seinen Vater so erlebt! Am ganzen Körper zitternd, sucht er Kleider für Mama zusammen.

»Was ... Was ist mit der Gemeindeversammlung?« Jonas bringt die Wörter beinahe nicht raus.

»Geht mich nichts an.«

»Das kannst du nicht bringen!«, flüstert Jonas.

»Lass mich in Ruhe.« Nicht einmal das sagt Vater laut.

»Du ...«

»Geh einfach!«

Jonas schmeißt Mamas Sachen auf den Boden. Direkt vor Vaters Füße. Auch wenn Vater die Krise gepackt hat, gibt ihm das nicht das Recht, sich so aufzuführen! »Verdammt!«, brüllt Jonas. »Nun komm schon!«

Doch Vater, der immer allen eingetrichtert hat, wie man das Leben anpackt, schüttelt nur müde den Kopf.

Mit einem wütenden Schrei rafft Jonas Mamas Sachen wieder zusammen und verschwindet in sein Zimmer. Dort stopft er wahllos einige Kleider in seine Sporttasche. Dann geht er rüber zu Emma, wo er die Prozedur wiederholt. Seine Bewegungen sind heftig, die vom Arbeiten wunden Hände schmerzen. Nichts denken! Einfach nichts denken! Weitermachen!

Im Badezimmer schnappt er sich die wichtigsten Toilettenartikel. Das Rasierzeug seines Vaters lässt er erst stehen, um es gleich danach wütend auf den Boden zu fegen. Die Dose mit dem Rasierschaum rollt scheppernd über die Fliesen. Erst als sie vom Wäschekorb gebremst wird, kehrt Stille ein.

Nicht das leiseste Geräusch dringt aus dem Elternschlafzimmer. Jonas kickt die Dose in eine Ecke und stürmt nach unten. Bei der Haustür fällt ihm sein iPod ein. Er steigt die Treppe nochmals hoch, schnappt sich das Musikgerät und wirft die kleinen Lautsprecher zu den Kleidern in die Tasche. Durch die offene Schlafzimmertür kann er Vater sehen. »Was denkst du dir eigentlich?«, brüllt er. »Dass du der Einzige bist, der nicht weiterweiß?«

Vater hebt nicht einmal den Kopf. Immer noch zitternd vor Wut, stöpselt Jonas die Kopfhörer in seine Ohren. AC/DC röhren durch die Gehörgänge. Er dreht die Lautstärke voll auf und verlässt das Haus, ohne einen Blick zurückzuwerfen.

Das ist das Gute an der Musik. Man kann damit die Welt ausblenden, wenn es einem zu viel wird. Heute ist es entschieden zu viel. Viel zu viel.

Als ob das nicht reichen würde, sitzt draußen der irre Danuser immer noch an seinem Lagerfeuer und sieht aus wie eine verlorene Seele. Sein Pech, dass Jonas gerade eine andere verlorene Seele im Haus zurückgelassen hat und damit sein Bedarf an solch unheimlichen Gestalten für heute gedeckt ist. Soll sich jemand anderes um sie kümmern! Jonas läuft an dem alten Mann vorbei, ohne ihn eines Blickes zu würdigen.

Bei der Bäckerei dreht er um, stapft zurück zu seinem Nachbarn und lässt sich auf die provisorische Holzbank fallen, auf der am Nachmittag seine Schwester gesessen hat. Reden will er nicht. Nur seine Musik hören und einen Moment hier sitzen. Er schaut zu, wie der Alte mit einem Stecken in der Glut herumstochert und sich dann müde mit der Hand über das Gesicht fährt. Nach einer Weile deutet er auf Jonas' Ohren. Jonas begreift und nimmt die Kopfhörer ab. Er überlegt, sie dem Alten aufzusetzen, aber dann hat er eine bessere Idee. Er fischt die Minilautsprecher aus der Sporttasche und verbindet sie mit dem iPod.

Brian Johnson besingt den Highway zur Hölle. Meckere schon, denkt Jonas, doch Danuser stößt nur einen tiefen Seufzer aus. Jonas beißt sich auf die Lippen. Das Beben des Kinns kann er damit nicht stoppen. Genau so wenig wie die Tränen, die ihm über die Wangen laufen. Erst Vater und jetzt auch noch der unverwüstliche alte Stänkerer!

»Hey, so schlecht ist die Musik nun auch wieder nicht!«, brummt Danuser.

Jonas blinzelt sich die Tränen aus den Augen.

»Ist das jetzt Dii-Sii-Äii-Sii?«, fragt der Alte.

»Anders ...« Jonas hustet sich die Kehle frei. »Andersherum. AC/DC.«

»Eine verfluchte Scheiße ist das, was?« Ohne eine Antwort abzuwarten, steht Danuser auf und kommt mit einem Eimer zurück. »Aber die Musik gefällt mir.« Er kippt Wasser über das Feuer, das zischend erlischt.

Beißender Rauch steigt Jonas in die Nase. »Warum tust du das?«, fragt er.

»Weil es Zeit ist.«

»Wofür?«

»Für die große Vorstellung vom Gemeindehäuptling.« Danuser stochert mit einem Stecken in der Asche. »Die wollen wir doch nicht verpassen. Ich geh nur noch schnell das Kriegsbeil holen.«

Als er Jonas' verdutzten Gesichtsausdruck bemerkt, meckert er los. »Kleiner Scherz. Pack die Musik ein. Wir gehen.«

Jetzt, wo er bereit ist, hat er es plötzlich eilig. Jonas hat keine Ahnung, woher der Alte von der Versammlung in der Turnhalle weiß, doch eines ist ihm soeben klar geworden: So durchgeknallt, wie er geglaubt hat, ist Danuser nicht. Und im Gegensatz zu Vater ist er bereit, sich den Problemen zu stellen.

8

Von überallher strömen Leute in Richtung Schulhaus. Jene, die miteinander reden, tun das leise, die meisten legen ihren Weg schweigend zurück. Dunkel und grau hängt der Himmel über ihnen. Ein bisschen kommt er Jonas vor wie eine übermächtig große Hand. Eine falsche Bewegung oder ein falsches Wort, und diese Hand kann die Menschlein wegfegen, so wie Jonas das Rasierzeug seines Vaters weggefegt hat. Im Fernsehen würden sie von einem unerklärlichen Unglück reden, vom Schicksal, das zum zweiten Mal zugeschlagen hat. Jonas verbannt seine schwarzen Gedanken in die hinterste Ecke seines Bewusstseins. Ganz vertreiben kann er sie nicht. Dazu ist die Stimmung ist zu unheimlich.

»Ich seh dich in der Turnhalle«, sagt er zu Danuser, der sich in eine der Kolonnen einordnet und im Gleichschritt mit den anderen im Innern des Gebäudes verschwindet.

Um zum Schutzraum zu gelangen, muss Jonas den Menschenstrom durchqueren, notfalls, indem er sich mittendurchdrängelt. Zu seiner Überraschung öffnet sich ohne sein Zutun eine Lücke. Als hätten sich die Leute heimlich abgesprochen, teilt sich die Menge, und Jonas gelangt mühelos auf die andere Seite. Wie Moses, fährt es ihm durch den Kopf, und die schwarzen Gedanken kriechen aus der Ecke seines Bewusstseins wieder ins Zentrum, wo sie zu einer beklemmenden Ahnung heranwachsen. Was, wenn Balthasar recht hat und all dies Zeichen sind? Das Wasser, das ausgerechnet beim Lied *Hells Bells* über sie hereinbrach, Danusers wundersame Wandlung, das erloschene Feuer, der düstere Himmel, der sich teilende Strom. Zeichen? Für den Weltuntergang?

Diese Vorstellung ist so ungeheuerlich, dass Jonas die Luft wegbleibt. Er ringt nach Atem. Die Beine knicken weg. Er taumelt gegen einen Körper, fühlt Hände, die ihn auffangen.

»Was ist mit dir los?«, fragt eine Frauenstimme.

»Nichts ... Ist schon gut«, stammelt Jonas.

Seine Beine funktionieren wieder. Er reißt sich los und stolpert in Richtung Schutzraum, wo Frau Meier auf ihn zugeschossen kommt. »Ah, Jonas! Wo warst du denn so lange?«

Musik hören mit Danuser. Vorzeichen der Apokalypse sammeln. Jonas antwortet nicht. »Wo sind Mama und Emma?«, fragt er stattdessen.

»Hast du sie nicht gesehen?« Mit einem leichten Kopfnicken deutet Frau Meier auf die Ecke mit den Sofas. »Sie spielen Karten.«

Jonas fragt sich, ob ihr das Lächeln nie ausgeht. Wie angeklebt liegt es auf ihrem Gesicht. Er stellt die Sporttasche auf eines der Betten.

»Jonas!« Emma rennt auf ihn zu. »Ich habe gewonnen.«

Leider fehlt Jonas so ein Frau-Meier-Lächeln, das er bei Bedarf ins Gesicht hängen kann. »Willst du diese blöde Schwimmweste nicht endlich ausziehen?«, schnauzt er seine Schwester an.

Emmas Mundwinkel zucken. »Mama hat gesagt, man kann nie wissen, was noch passiert.«

Da hat sie vielleicht sogar recht! Wenn es so weitergeht wie bisher, können wirklich noch die irrsten Dinge geschehen. Nur, Emma ist die Letzte, die etwas dafürkann. »Es tut mir leid«, sagt Jonas. »Ich wollte dich nicht anschreien. Es ist ...« Er bricht ab. Nein! So was kann man einer Fünfjährigen nicht erklären.

»Hast du Papa mitgebracht?«, fragt Emma.

Jonas schüttelt den Kopf. »Er ist müde und schläft ein wenig. Ich gehe für ihn zur Versammlung.«

»Können Mama und ich weiterspielen?«

Er streicht über ihr Haar. »Ja.« Die Wut ist weg. Alles, was übrig bleibt, ist dumpfe Verzweiflung.

Die Stühle, die jemand aus den Schulzimmern in die Turnhalle getragen und in schnurgeraden Linien aufgereiht hat, sind alle schon besetzt. Jonas stellt sich hinten an der Wand zu den anderen, die auch keinen Platz mehr gefunden haben. Danuser ist nicht unter ihnen, dabei könnte Jonas ihn jetzt wirklich in seiner Nähe brauchen!

Vorne an einem Tisch sitzen Grundinger und Hämmerli. Der Gemeindepräsident schaut auf die Uhr, greift nach dem uralten Mikrofon und bläst hinein. Ein Geräusch wie ein Sturmheulen rauscht aus den Lautsprecherboxen. Jonas beobachtet, wie einige der Leute auf den Stühlen zusammenzucken.

»Könnt ihr mich hören?«, dröhnt Grundingers Stimme durch die Halle.

Niemand antwortet. Der Gemeindepräsident wiederholt die Frage.

»Natürlich hören wir dich!« Balthasar erhebt sich. Wie ein Baum steht er da, die weißen Haare ungezähmt in alle Himmelrichtungen abstehend. »Wir warten darauf, dass du endlich anfängst.«

Grundinger sieht aus wie ein abgekanzelter Schuljunge. »Danke, Balthasar.« Er klingt ziemlich giftig. »Kannst dich wieder hinsetzen. Ich würde jetzt gerne beginnen.«

»Bitte«, antwortet Balthasar.

Das Lachen der Leute gleicht einer Explosion. Als hätten alle darauf gewartet, ihrer Anspannung Luft machen zu dürfen.

Grundinger wirft dem Endzeitler einen gehässigen Blick zu. »Nun denn«, beginnt er. »Guten Abend.« Er räuspert sich, und wieder zucken ein paar der Leute auf den Stühlen zusammen. »Ich begrüße euch zu unserer Informationsveranstaltung. Ein spezielles Willkommen gilt den Vertretern von Presse, Rundfunk und Fernsehen.«

Fernsehen! Die Bergseeaugen! Jonas drückt sich noch etwas enger an die Wand. Hitze schießt in seine Wangen. Er will sich auf den Boden gleiten lassen, den Kopf auf die Knie legen und wie ein verschnürtes Paket sitzen bleiben. Tut er aber nicht. Der Drang, nach diesen Augen zu suchen, ist größer als der Wunsch, unsichtbar zu werden.

Jonas reckt den Hals und hält nach einer roten Frisur Ausschau, neben der sich vielleicht ein schwarzer Haarschopf findet. Und wirklich! Da! Schwarz neben Rot! *Thunderstruck,* singt Brian Johnson in Jonas' Kopf. Vom Donner getroffen, genau so fühlt er sich. Er möchte noch einmal in diesem Blick versinken. Und gleichzeitig nicht gesehen werden. Zu sehr schämt er sich für das, was geschehen ist. Es ist schlicht und einfach erbärmlich peinlich, mit einer silberlöffelsuchenden Mutter zusammenzuprallen und dabei k.o. zu gehen.

Während Jonas überlegt, was er tun soll, entdeckt er Danuser, der den letzten Stuhl in der hintersten Reihe ergattert hat. Der Alte würde einfach bleiben und am Ende der Veranstaltung laut den Namen des Mädchens rufen. Lili. Der Name hat sich in Jonas' Gedächtnis eingebrannt.

Jonas ist leider etwas anders gestrickt als Danuser. Schnell wägt er seine Chancen ab. Bestimmt schaut sie nicht nach hinten. Und selbst wenn sie es tut, sind hier so viele Leute, dass sie ihn nicht entdecken kann. Ach was, sie wird sich schon nicht umdrehen! Jonas wirft ab und zu einen verstohlenen Blick zu ihr, während er versucht, sich auf das zu konzentrieren, was Grundinger erzählt. Wenigstens einer in der Familie sollte nach der Versammlung wissen, worüber gesprochen wurde.

»Gestern ist das Unglück mit einer riesigen Urgewalt über unser Dorf hereingebrochen«, hallt es aus den Lautsprechern. Gemurmel setzt ein, das sofort aufhört, als der Gemeindepräsident die Hand hebt. »Zum Glück ist niemand ernsthaft verletzt worden, nicht zuletzt dank unserer Feuerwehr.«

Die Leute klatschen, als säßen sie im Theater. Feuerwehrkommandant Hämmerli steht auf und schaut verlegen in die Runde. Nach einer Weile setzt er sich wieder, und der Applaus lässt langsam nach.

Grundinger legt sein Gesicht in Sorgenfalten und erzählt etwas von Häusern und Infrastruktur, die in Mitleidenschaft gezogen worden sind, von fehlendem Strom und weggerissenen Wasserleitungen.

Immer häufiger und länger schaut Jonas zu dem Kopf mit den schwarzen Haaren. Die Umrisse verschwimmen, die Ausrufe der Leute um ihn herum schmelzen zu unverständlichen Wörterklumpen zusammen. Er taucht ab und driftet in seiner Fantasie tief hinein in geheimnisvolle Bergseeaugen.

Als Lili sich tatsächlich umdreht und ihn direkt anblickt, fährt Jonas so heftig zusammen, dass der Mann neben ihm erst erschrickt und ihn dann gehässig anblafft.

»Ruhe!«, ruft Grundinger. Er klaubt ein Taschentuch aus seiner Jacke und tupft sich damit den Schweiß von der Stirn. »In einigen Fällen wird es leider nötig sein ...« Diesmal tupft er sich die Schläfen trocken. »... wird es nötig sein, dass ein paar von euch die Häuser für eine Weile verlassen ...«

Zum zweiten Mal explodiert die Stimmung. Alle reden gleichzeitig. Grundiger tupft nicht mehr, sondern wischt sich mit seinem Taschentuch über das ganze Gesicht. Ein Taschentuch könnte Jonas auch brauchen. Auf seiner Stirn haben sich Schweißtropfen gebildet, die ihm in die Augen rinnen. Er blinzelt und bekommt nur am Rande mit, wie der Gemeindepräsident etwas von guten Lösungen mit den Betroffenen erzählt. Der Lärm lässt kurz nach, um gleich darauf wieder anzuschwellen.

»Ruhe!«, ruft der Gemeindepräsident noch einmal. Weil niemand auf ihn hört, redet er einfach noch ein wenig lauter ins Mikrofon. »Wir haben dieses Wochenende hart gearbeitet. Aus den Nachbardörfern ...« Grundinger merkt, dass er mit seinen Worten nicht durchdringt und kommt geradewegs auf den Punkt. »Ab morgen bekommen wir Hilfe von außen.«

Als hätte er genau auf dieses Stichwort gewartet, springt Balthasar auf, hebt die Hände in die Luft und ruft: »Ja! Morgen, spätestens übermorgen werden sie hier sein. Die Boten der Erlösung!«

Der Lärm artet in einen Tumult aus. Einzelne Anwesende stehen auf und wollen die Halle verlassen. Erst jetzt bemerkt Jonas die Kamera. Die rothaarige Fernsehfrau hat das Stativ umgedreht und filmt die Leute. Mitten ins Chaos plätschert Hämmerlis ruhige Stimme, dringt durch das Durcheinander und füllt nach und nach die ganze Turnhalle. Jonas versteht nicht, was der Feuerwehrkommandant sagt, er nimmt nur tiefe, beruhigende Töne wahr. So klang Mutter früher, wenn sie ihm Geschichten vorgelesen hat. Hämmerli hüllt die aufgebrachten Dorfbewohner in eine warme Blase ein, redet sie in einen Zustand der

Ruhe. Als alle wieder sitzen, legt er ihnen die Fakten auf den Tisch und bereitet die Dorfbewohner auf das vor, was kommen wird. Es ist eine Menge, und vieles ist nur schwer zu verdauen.

Jonas wartet, bis Hämmerli fertig ist. Die angekündigte Fragerunde wird ohne ihn stattfinden. Er hat genug gehört. All die Maßnahmen und Beschlüsse seinem Vater beizubringen, wird unmöglich sein. Nach einem letzten Blick in die vorderste Reihe geht Jonas langsam zum Ausgang. Jemand klopft ihm auf die Schulter. Erschrocken schnellt er herum.

»Was ...«

»Geht es dir besser?«

Aus der Nähe sind Lilis Augen genauso schön, wie Jonas sie in Erinnerung hatte. Gänzlich aus seiner Erinnerung geschlichen hat sich jedoch sein gesamter Wortschatz. Er muss auf die gute alte Körpersprache zurückgreifen und nickt mit dem Kopf.

»Tut mir leid, dass Mam so aufdringlich war. Liegt am Job.«

Wieder nickt Jonas.

»Ich bin Lili.«

Wenn er noch einmal nickt, denkt sie, sein Hirn hätte in einem Fingerhut Platz. »Jonas«, flüstert er.

Lili packt ihn am Arm. »Raus hier! Mam ist mit der Kamera am Anmarsch.«

Ein paar Minuten später findet sich Jonas auf dem Spielplatz des Kindergartens wieder, zusammen mit Lili.

»Sie ist meistens schwer in Ordnung«, sagt sie und meint damit wohl ihre Mutter. »Aber wenn sie arbeitet, kennt sie keine Grenzen. Und hier stimmt einfach alles.«

»Was ... Was denn zum Beispiel?«, fragt Jonas mit einiger Verzögerung.

»Die Kulisse. Die Menschen. Die Schicksale. Ich denke, Mam möchte mehr daraus machen. Kann sein, dass sie euch nochmals filmen will. Für ein Porträt oder so.«

Und warum bist du da? Jonas wagt es nicht, die Frage zu stellen. Muss er auch nicht. Lili scheint Gedanken lesen zu können.

»Ich wollte sehen, wie es euch geht. Und dir sagen, dass ihr euch gut überlegen sollt, ob ihr wirklich ins Fernsehen wollt. Also, denkt darüber nach.« Sie gibt der Schaukel, auf der sie eben noch gesessen hat, einen Stoß. »Bis dann.«

Bis dann? Jonas hebt die Hand. Zu spät fällt ihm ein, dass Lili seine Geste nicht sehen kann. Verlegen lässt er den Arm sinken. »Bis dann«, flüstert er.

Lili ist längst weg, als er sich erinnert, was sie über das Fernsehen und das Filmen gesagt hat. Er will unter keinen Umständen ins Fernsehen! Zum Glück hasst Vater nebst *denen da* oben auch *die von den Medien*. Er wird Lilis Mutter mit lauten und deutlichen Worten dorthin schicken, wo sie hergekommen ist.

Eigentlich sollte Jonas erleichtert sein, doch er ist es nicht. Wenn die Fernsehfrau nicht mehr kommt, kommt auch Lili nicht mehr.

9

Am nächsten Tag rollt die von Hämmerli angekündigte zweite Flutwelle an. Nicht in Form von Wasser, sondern von noch mehr Menschenmassen.

Jonas hat Emma in den Kindergarten gebracht und schaut der ins Dorf strömenden Meute vom Schulhof aus zu. Nicht mehr lange, und die Ersten werden das Zuhause der Familie Regenass erreichen, in dem Jonas' Vater die Nacht verbracht hat. Er weiß noch nicht, dass er sein Haus verlassen und in den Betonbau am Eingang des Dorfes ziehen muss. Jemand wird es ihm sagen müssen. Jonas seufzt. *Er* wird es ihm sagen müssen.

Der Betonbau ist der einzige Wohnblock hier, ein viereckiger Klotz, entworfen von einem hippen Architekten, der keine Ahnung hat, worin Leute in den Bergen wohnen möchten. Das preisgekrönte Gebäude fügt sich gemäß Expertenjury *nahtlos in die urige, archaische Landschaft ein*, nur hat niemand Lust, dort einzuziehen, weil sich die Menschen hier nach wohligen, gemütlichen Räumen sehnen, die ihnen in dieser *urigen, archaischen* Landschaft ein Stück Geborgenheit vermitteln. Den Städtern, die in solch rohen Bauten den wahren Kern der Dinge sehen, ist das Bergtal dann doch zu abgelegen, und so steht der Wohnblock seit seiner Fertigstellung im letzten Herbst leer und bietet damit die ideale *Übergangslösung* für jene Familien, die ihr Haus für eine Weile verlassen müssen.

Eigentlich sollte Jonas in der Schule sein, aber er schwänzt den Unterricht, denn er ist der Einzige in seiner

Familie, der noch zu funktionieren scheint. Er muss dafür sorgen, dass es irgendwie weitergeht, auch wenn er nicht weiß, wie er das anstellen soll. Er hat keine Ahnung, was in Erwachsenen vorgeht, die die wirklich wichtigen Dinge entscheiden müssen.

Eine Hand legt sich auf seine Schulter. Jonas dreht sich um, doch im Gegensatz zu gestern Abend schaut er nicht in tiefgründige Augen, sondern in das aufgesetzte Frau-Meier-Lächeln.

»Entschuldigung, ich wollte dich nicht erschrecken«, sagt sie. »Weißt du, was die Frau vom Fernsehen von deinem Vater will?«

Die Frau vom Fernsehen. Lilis Mutter. Sie ist also tatsächlich hier. »Nein«, lügt Jonas, »keine Ahnung.«

»Das habe ich mir gedacht. Ich habe sie zu euch nach Hause geschickt. Da ist er doch, dein Vater, oder nicht?«

Vielleicht. Muss nicht sein. Wenn Vater beschlossen hat, sich kindisch aufzuführen, ist alles möglich. Alles. Auch ... Scheiße!

»Wann?«, fragt Jonas etwas zu laut und scheucht damit Frau Meiers Lächeln weg.

»Als du Emma in den Kindergarten gebracht hast.«

Frau Meier muss ihr Lächeln selber suchen. Jonas lässt sie stehen und rennt los. Vater war einfach zu seltsam drauf gestern Abend! Jonas hätte gleich nach der Versammlung zu ihm gehen sollen, um ihm das mit dem Betonbau zu erklären und ihn vor Lilis Mutter zu warnen. Aber er hat sich gedrückt, weil er nicht mit einem Vater reden wollte, der vielleicht immer noch auf dem Bett saß und auf seine Hände starrte. Und schon gar nicht mit einem, der nicht mehr auf seine Hände starrte, sondern in seinem Zorn Jonas für den Betonbau, das Fernsehen und alles andere verantwortlich machen würde.

»Willst wohl auch ins Fernsehen«, ruft ihm der Gunten-Josef verschwörerisch zu. Wissen hier eigentlich alle über alles Bescheid? Jonas gerät aus dem Tritt und stolpert über einen Stein. Mit rudernden Armen rettet er sich vor dem Sturz und rennt weiter, ohne anzuhalten, selbst dann nicht, als er denkt, er könne nicht mehr. Nichts kann ihn stoppen, weder die Schaulustigen, die ihm erschrocken ausweichen, noch die Baumaschinen, an denen er gefährlich nahe vorbeispurtet. Er muss nach Hause!

Jonas stürmt ungebremst durch die offene Haustür in den Flur. Rennen ist das eine, anzukommen und einen Plan zu haben das andere. Weil er keinen hat, hält er sich erst einmal am Treppengeländer fest. Sind die beiden überhaupt da? Er kann nichts hören, was hauptsächlich daran liegt, dass ihm das Blut in den Ohren rauscht und sein Herz viel zu laut und schnell schlägt.

Weil sich im unteren Stockwerk nichts rührt, geht Jonas nach oben. Jetzt endlich dringen Stimmen zu ihm durch. Sie kommen aus seinem Zimmer, dem einzigen Raum in diesem ganzen verdammten Haus, in dem ohne seine Zustimmung niemand etwas verloren hat, schon gar nicht jemand vom Fernsehen. Immer noch ohne Plan, dafür mit einer schnell wachsenden Wut im Bauch, tritt Jonas über die Türschwelle. »Raus!«, keucht er. »Sofort.«

»Hallo, Jonas.« Die Frau zwinkert ihm zu. Ihre roten Haare sind zu einem Pferdeschwanz gebändigt, und sie ist heute nicht ganz so bunt angezogen.

»Hauen Sie ab!«

Für so eine Bemerkung käme Jonas an allen anderen Tagen in Teufels Küche, aber nicht heute. Vaters Tadel beschränkt sich auf ein ziemlich erschöpft klingendes »Jonas.«

Die Frau scheint entschlossen, sich ihre gute Laune durch nichts verderben zu lassen. »Setz dich doch«, sagt sie munter und deutet auf sein Bett.

»Das ist mein Zimmer, mein Bett.« Jonas verschränkt die Arme. »Sie haben hier drin nichts verloren.«

»Jonas«, sagt sein Vater zum zweiten Mal.

»Schick sie weg!«

»Das geht nicht.«

Erst jetzt bemerkt Jonas die Papiere auf seinem Schreibtisch, den Kugelschreiber neben den dick verbundenen Händen. »Was ist das?«, fragt er.

»Wir haben einen Deal abgeschlossen.« Ein Sonnenstrahl fällt durch das Fenster auf die Haare der Frau. Für einen Moment sieht sie aus wie eine Hexe. Jonas blinzelt. *Dein Vater hat eure Seelen verkauft.* Natürlich sagt sie das nicht. Trotzdem kann Jonas es hören. Auf butterweichen Beinen stolpert er an den Schreibtisch.

»Hast du ...« Er sieht die Unterschrift auf dem Papier. Die Frage an seinen Vater erübrigt sich. Jonas starrt auf die leicht zittrige Schrift. »Warum ...«

Die Hand der Frau nähert sich seinem Arm. Mit Nägeln wie ausgefahrene Krallen. Jonas zuckt zurück, die Finger greifen nach dem Kugelschreiber.

»Biggi.« Die Frau richtet den Kugelschreiber auf Jonas. »Biggi Gantenbein von *TeleG1*.«

Jonas unterdrückt den Impuls, ihr den Stift aus den Händen zu schlagen. »Was hat er da unterschrieben?«

Biggi Wieauchimmer beugt sich vor und klopft auf das Papier. »Einen Zusammenarbeitsvertrag.«

»Wir arbeiten nicht mit Ihnen zusammen.«

Bevor die Fernsehbiggi irgendwas denken oder sagen kann, greift sich Jonas das Papier und reißt es in kleine Fetzen.

»Jetzt hör mal zu.« Die Hexe von *TeleG1* gibt sich gar nicht erst die Mühe, freundlich zu klingen. »Das war eure Kopie. Meine ist sicher versorgt hier drin.« Sie tätschelt die riesige Umhängetasche, die neben ihr auf dem Tisch liegt. »Dein Vater hat mir und dem Sender die schriftliche Erlaubnis gegeben, euren Alltag zu filmen. Das schließt auch dich mit ein.« Sie steht auf und hängt sich die Tasche um. »Karl, ich denke, hier ist ein Vater-Sohn-Gespräch unter vier Augen angesagt. Ich mach mal kurz Zigarettenpause.«

Das ist ein Traum. Wie der mit dem Himmel und dem Engel. Nur geht es in diesem Traum um die Hölle und eine Teufelin. Jonas kneift die Augen zu und öffnet sie wieder. Vor ihm auf dem Tisch liegen Papierfetzen. Die Luft riecht nach einem Parfum, ein herber Duft, den die Frau zurückgelassen hat wie eine Drohung. Es ist kein Traum.

Jonas schaut in Vaters blasses Gesicht. »Warum?«, fragt er. Er will wissen, was seinen sturköpfigen Vater dazu gebracht hat, in etwas einzuwilligen, in das er unter normalen Umständen nie und nimmer eingewilligt hätte.

»Das geht dich nichts an.«

»Doch!« Jonas fegt die Papierfetzen auf den Boden. »Du hast uns gerade verkauft! Es geht mich also sehr wohl etwas an!«

Vater hebt hilflos die Hände. »Ist sowieso alles egal.«

Ist es nicht. Nichts ist egal genug, um sich als Darsteller in einer Doku-Soap wiederzufinden. *Big Brother* in den Alpen. Futter für die Unterhaltungsjunkies. »Warum?«, wiederholt Jonas seine Frage. Er muss sehr lange auf die Antwort warten.

»Weil wir sonst alles verlieren«, sagt Vater nach endlosem Schweigen.

Jonas versteht nicht, wie er das meint. »Was? Alles?«

»Das Haus. Unser Haus.«

»Wie kommst du darauf? Es gibt Versicherungen, wie du selbst am besten weißt. Die bezahlen das.«

»Ich habe sie aufgelöst.«

Es gibt Wörter mit schlimmen Bedeutungen. Solche wie: Atombombe. Terroranschlag. SuperGAU. Breakdown. *Auflösen*, dieses harmlose kleine Wörtchen, das an Vitamin-Brausetabletten erinnert, steht nicht auf dieser Liste. Und trotzdem hat es in ihrem Fall eine verheerende Wirkung.

»Du meinst *gekündigt*?«, fragt Jonas. »Kann man das? Ich dachte, solche Versicherungen sind obligatorisch.«

»Die Gebäudeversicherung schon.« Vater zupft an seinem Verband. »Aber die Hausratsversicherung nicht.«

»Und die hast du gekündigt? Ausgerechnet du! Verdammt, Versicherungen sind dein Job.«

»Eben. Ich habe die Risiken genau abgeschätzt.«

Jonas beißt sich auf die Lippen. Kein Wunder verliert Vater mehr Kunden, als er neue gewinnt. Wenn er schon seine eigenen Versicherungen nicht im Griff hat, wie will er dann welche verkaufen?

»Es sollte doch nur für dieses Jahr sein. Bis das Geschäft etwas besser läuft. Wer konnte denn schon ahnen, dass der Bach genau dieses Jahr kommt.« Kraftlos lässt sich Vater auf das Bett fallen. »Mit dem Geld vom Fernsehen können wir uns immerhin das Nötigste kaufen. Sachen für mein Büro. Möbel. Geschirr ...«

Jonas ist schlecht. Er braucht dringend frische Luft.

»Warte«, bittet Vater, doch Jonas erträgt es nicht, mit ihm im selben Raum zu sein. Nicht jetzt. Langsam geht er die Treppe hinunter und durch klebrigen, rutschigen Schlick nach draußen.

Vor der Tür stößt er mit der Fernsehfrau zusammen. Biggi Gantenbein. Lilis Mutter. Wer so eine Tochter hat, muss doch auch ein Herz haben! Jonas umklammert ihren Arm. »Ist es irgendwie möglich, den Vertrag rückgängig zu machen?«, fragt er.

Sie schüttelt den Kopf. »Das kann und will ich nicht.«

Jonas schaut ihr ins Gesicht. Es hat zwar ziemlich viel Schminke drauf, wirkt aber nicht unfreundlich.

»Warum?«, will er wissen.

Sie verzieht den Mund. »Könntest du erst loslassen?«

Erst jetzt merkt Jonas, wie stark er zudrückt. Verlegen zieht er die Hand zurück.

»Dein Vater hätte Nein sagen können. Er hat sich die Argumente angehört, Fragen gestellt, sich entschieden und unterschrieben. Niemand wird gezwungen, im Fernsehen aufzutreten.«

Dummerweise hat dieses Argument was. Jonas fällt ein, was Lili ihm gesagt hat. Dass einfach alles stimmt. »Tun Sie's bitte trotzdem nicht«, sagt er ohne viel Hoffnung.

»Es ist meine Chance.« Lilis Mutter streicht sich über die Stelle, an der seine Finger sich in ihr Fleisch gebohrt haben. »Die Chance, die einem nur einmal im Leben gegeben wird. Und die werde ich ergreifen.«

Einen Augenblick glaubt Jonas, sie wolle ihm mit dem Finger über das Pflaster auf der Stirn fahren. Sie hat kein Recht dazu! Auch wenn sie jetzt einen auf ehrlich macht. Schnell weicht er zurück.

»Du willst wissen, warum? Weil unsere Telefone nach der gestrigen Sendung ununterbrochen geklingelt haben und die Mailbox des Senders überschwemmt wurde. Alle wollten wissen, wie es weitergeht mit dem blonden Mädchen und dem verletzten Jungen. Warum sich die Mutter so seltsam verhält. Was mit dem alten Mann auf dem Dach passiert. Das wird meine Geschichte. Mein Sprungbrett zu einem besseren Fernsehsender.«

So ist das also. Sie sind ein Sprungbrett. Etwas, auf dem man eine Weile herumhüpft und sich dann abstößt. Ihr Elend ist für diese Frau die Straße zum Glück. Jonas muss weg hier. Sofort. Sonst kotzt er Biggi Gantenbein von *Te-leG1* vor die Füße. Zum zweiten Mal an diesem Morgen rennt er los, diesmal ohne Ziel, einfach nur weg, so weit weg wie möglich.

10

So weit weg wie möglich ist eine Lichtung im Tobelwald, auf der Jonas völlig erschöpft zusammenbricht. Über ihm schließen sich die hohen Bäume zu einem Dach, das nach einer Weile zu kreisen beginnt. In seinen Ohren summt es. Ich werde verrückt, denkt er. Genau wie der alte Danuser. Das ist vielleicht gar nicht so schlecht. Verrückte tun, was sie wollen. Jonas könnte sich weiter oben in den Felsen eine Höhle suchen. So wie der Typ aus *Die dunkle Seite des Mondes*, einem Buch, das sie in der Schule gelesen haben. Er könnte auch über die Berge klettern, ins Tal auf der anderen Seite, und per Anhalter dorthin reisen, wo ihn die Autofahrer mitnehmen würden. Oder er könnte hier liegen bleiben, schwächer werden und an Hunger und Erschöpfung sterben.

Jonas schließt die Augen und versucht, irgendeine Ordnung in sein Chaos zu kriegen. Er kann sich nicht einfach ausklicken wie Danuser oder davonstehlen wie der Verstand seiner Mutter. Schon gar nicht kann er auf dieser Waldlichtung einen egoistischen Verweigerungstod sterben. Emma braucht ihn.

Er versucht es mit tief durchatmen. Es hilft schon wieder nicht. Wenn er jemals in ein einigermaßen normales Leben zurückfindet, wird er einen Antiratgeber mit dem Titel *Durchatmen wird so was von überschätzt* schreiben. Jonas öffnet den Mund und stößt einen langen Schrei aus. Dann holt er kurz Luft, ohne durchzuatmen, und brüllt sämtliche Flüche und Schimpfwörter, die er kennt, in den

Himmel über den Baumwipfeln. Ein Schlag gegen seine Füße stoppt ihn. Er öffnet die Augen und schaut hoch. Ein weiß gekleideter Mann mit langen blonden Haaren blickt vorwurfsvoll zu ihm herunter.

»Was soll der Scheiß?«, ruft Jonas.

»Du sollst keine unreinen Worte von dir geben«, sagt der Mann mit erhobenem Zeigefinger.

»Wenn's dir nicht passt, such dir eine andere Stelle. Der Wald ist groß genug.«

»Hier gefällt es mir aber.« Der Mann lässt sich neben Jonas auf den Waldboden gleiten. »Zudem scheint mir, als bedrücke dich etwas. Willst du dich mir anvertrauen?«

Jonas will niemandem nichts anvertrauen. Schon gar nicht diesem geschraubt redenden Typen. Er rappelt sich hoch.

»Warte!« Der Mann streckt seine Hand aus. »Was auch immer dich plagt, wird bald ein Ende finden. Meister Balthasar sagt, die Boten kommen morgen und nehmen uns mit in eine bessere Welt.«

»Schön für euch.«

Jonas will sich aus dem Staub machen, doch der Mann schnellt auf seine Füße und packt ihn am Arm. »Es kann auch für dich schön sein! Werde einer von uns, und deine Sorgen fallen von dir ab.«

Die Vorstellung ist verlockend. Vor allem der Teil mit den Sorgen. So einfach, wie sich das der Weißgekleidete vorstellt, ist es aber leider nicht.

»Ich überlege es mir«, sagt Jonas.

Der Mann sieht ihn strahlend an. »Tu das. Die Boten werden deine Gedanken leiten und dich zur richtigen Entscheidung führen.«

»Bestimmt.« Jonas entzieht dem schrägen Typen seinen Arm. »Man sieht sich. Viel Spaß noch.«

»Danke«, murmelt der Mann verstört.

Jonas will so schnell wie möglich ein Maximum an Distanz zu diesem komischen Kerl gewinnen.

»Einen Augenblick bitte!«, ruft es hinter ihm.

Vielleicht wäre es das Beste, einfach weiterzugehen, aber womöglich rennt ihm der Irre hinterher. Also bleibt Jonas stehen und dreht sich um.

»Was bedeutet das?«, will der Mann wissen.

»Was?«

»Man sieht sich.« Der Mann hebt fragend die Hände. »Ich meine, wir sehen uns ja jetzt. Und wenn du weg bist, sehen wir uns nicht.«

Es gibt Leute, die leben in Paralleluniversen. Dieser Kauz hier ist einer davon. Kein Wunder wartet er auf eine Transportmöglichkeit in eine andere Welt.

»Ist ein Gruß«, erklärt Jonas. »So ähnlich wie *Auf Wiedersehen*.«

»Aha! Danke. Auf Wiedersehen.«

Hoffentlich nicht, denkt Jonas.

Er braucht einen sicheren Ort. Einen, an dem er nachdenken kann, ohne über irgendwelche Endzeitler oder Fernsehleute zu stolpern.

Als er eine Weile später auf eine Anhöhe klettert, von der aus man über das ganze Tal sieht, sitzt schon einer da. Auch wenn sich dieser Kerl nicht in weiße Gewänder hüllt, hat Jonas keine Lust auf eine Begegnung. Er will sich zurückgleiten lassen, doch der Mann hat ihn entdeckt.

»Hab ich mir fast gedacht!«, meckert er.

Jonas hält sich die Hand vor die Stirn und schützt seine Augen vor der Sonne. »Sepp?«, fragt er.

»Wer denn sonst?«

»Was tust du hier oben?«

»Nachdenken«

»Immer noch?«

»In meinem Alter dauert das eine Weile. Und du?«

Jonas kratzt sich am Kopf. »Nachdenken.«

Der alte Mann nickt, als verstünde er. Dann kehrt er Jonas den Rücken zu und schaut ins Tal hinunter, aus dem der Lärm von Baumaschinen zu ihnen dringt. »Hast du die Verrückten im Wald gesehen?«, fragt er.

Oh ja! Auf dem Weg hierher hat Jonas mindestens ein Dutzend von Balthasars Jüngern gesichtet. Ungefähr die Hälfte umarmte Bäume, die andere redete vor sich hin. »Na ja, immerhin hat dich Balthasar ganz irdisch mit einer Baggerschaufel gerettet«, antwortet er.

Über Danusers Gesicht zieht sich ein breites Grinsen. »Das hat er. Eigentlich schade, dass er jetzt mit einem UFO abhauen will.«

Das hat sich Jonas noch gar nicht überlegt. Danuser hat recht. Balthasar ist zwar ein Querkopf, aber ohne ihn würde dem Dorf etwas fehlen. Jonas' Gedanken bleiben am Endzeitler hängen. Balthasar war im Fernsehen. Wie die Familie Regenass und ...

»Sag mal Sepp«, sagt Jonas. »War die Frau vom Fernsehen auch bei dir?«

»Du meinst diese rothaarige Hexe? Ja, die war bei mir. Hat was von Doku-Suppe oder so geredet und mir Geld geboten.«

»Und, was hast du getan?«

»Hab ihr gesagt, sie soll ihre Suppe selber essen.«

Jonas seufzt. Er wünscht sich, sein Vater hätte so reagiert. »Glaubst du, sie war auch bei Balthasar?«

Danuser zuckt mit den Schultern. »Keine Ahnung, aber ich habe gehört, dein Vater hat angebissen.«

Jonas senkt den Kopf. Ja, Vater hat angebissen.

»Er wird seine Gründe haben«, meint Danuser versöhnlich.

»Ich dachte, du hasst ihn.« Jonas greift nach einem Stein und schleudert ihn über den Felsvorsprung direkt unter ihnen. »Ich meine ... ihr habt doch andauernd gestritten.«

»Hassen?« Der Alte fährt sich über die Bartstoppeln am Kinn. »Nein. Geärgert habe ich mich über ihn. Solch einen sturen Bock kannst du lange suchen.« Er sagt es so ernst, dass Jonas trotz allem lachen muss.

»Was ist?«, schnauzt ihn Danuser an.

»Na ja, das sagt gerade der Richtige.«

»Komm mir nicht frech, Bürschchen.« Danuser fuchtelt mit dem Zeigefinger durch die Luft, fast so wie vorhin der Endzeitler. »Du ... Du Rotzlöffel. Was verstehst du schon von Sondermüll?« Er schreit jetzt beinahe so laut wie vorher Jonas. »Dein Vater glaubt nicht, dass es ihn gibt. Und dann macht er mir auch noch die Hölle heiß wegen eines Apfelbaums. Wegen eines verfluchten Baumes! Dieser ... dieser ...« Danuser japst pfeifend nach Luft, sein Gesicht ist nicht mehr rot, sondern schon fast violett.

»Sepp!«, ruft Jonas. »Beruhige dich!«

Ein bellendes Husten macht dem Wutanfall ein Ende. Jonas rutscht etwas weiter weg. Vielleicht hat seine Frage den Schalter in Danusers wirrem Kopf zurückgestellt und er ist wieder zum selben griesgrämigen Kerl geworden, der er vor der Katastrophe gewesen ist.

Bitte nicht, denkt Jonas. Der alte Mann ist der Einzige, mit dem er reden kann, ohne das Gefühl zu haben, auf rohen Eierschalen zu laufen. Wenn er das nicht mehr kann, hat er niemanden mehr. Dann bleibt das Minenfeld, zu dem seine Familie geworden ist.

Danusers Husten ebbt langsam ab. Still sitzt er da, den Blick abwesend irgendwo in die Ferne gerichtet. Jonas weiß nicht so recht, ob er abhauen oder bleiben soll. Gerade als er denkt, er habe den liebenswürdig verschrobenen Kerl, den er eben erst gefunden hat, schon wieder verloren, wischt sich Danuser die Hände an den Hosen ab, streicht sich die Haare an den Kopf und richtet seinen Blick auf Jonas. »Du musst Emma vom Kindergarten abholen«, sagt er. »Und nach dem Essen steht der Karnickelbau auf dem Programm. Den wollte ich schon immer mal von innen sehen.« Er steht auf und hält Jonas die Hand hin. »Kommst du mit?«

Schweigend klettern sie über felsiges Gelände nach unten. Als sie wieder sicheren Waldboden unter den Füßen haben, sagt Jonas: »Vater hat die Versicherung nicht bezahlt.«

»Ich auch nicht«, antwortet Danuser. »Hast wohl recht gehabt mit dem Richtigen und den sturen Böcken.«

11

Das Lächeln aus Frau Meiers Gesicht ist verschwunden. Sie gibt sich nicht einmal die Mühe, es durch ein falsches zu ersetzen, sondern kommt mit verkniffener Miene auf Jonas zugeschossen. »Der Kindergarten war vor mehr als einer halben Stunde aus. Ich kann mich nicht allein um deine Familie kümmern!«

Ich auch nicht, denkt Jonas. »Tut mir leid«, murmelt er und schiebt sich an ihr vorbei.

»Jonas!«

Er will nicht hören, was sie ihm sagen will. Soll Vater sich darum kümmern! Der betont doch bei jeder Gelegenheit, wie wichtig die Familie ist.

»Jonas, ich rede mit dir!«

Er fährt herum. »Was?«

Frau Meier bleibt stehen, als sei sie gegen eine unsichtbare Mauer gerannt. »Emma ist nicht hier. Frau Brunner hat sie mit nach Hause genommen. Jemand muss sich ja um sie kümmern.« Sie fährt sich mit der Hand über die Stirn. »Es ist für uns alle nicht einfach. Wir haben ein Care-Team um Hilfe gebeten.«

Was zum Teufel ist ein Care-Team? Und was hat es damit zu tun, dass er Emma nicht rechtzeitig vom Kindergarten abgeholt hat? Frau Meier schaut ihn sehr ernst an. Jonas wünscht sich das aufgepappte Lächeln zurück.

»Ein Care-Team hilft bei der Bewältigung von Katastrophen. Man kann mit Fachleuten über seine Erlebnisse und Ängste reden«, erklärt Frau Meier.

»Ich brauche so was nicht.«

»Deine Familie ...«

»Wir kommen klar«, blockt Jonas ab.

Er will weg hier. Emma abholen. Seine Familie hat keine Frau Meier, keine Brunners und schon gar kein solches Care-Team nötig. Ist ja niemand gestorben. Verdammt!

»Das behauptet dein Vater auch. Aber schau dir deine Mutter an.« Frau Meier verwirft in einer hilflosen Geste die Arme. »Und Emma weigert sich, die Schwimmweste auszuziehen.«

»Ja und?«, faucht Jonas. »Dann soll sie das Ding halt anbehalten!«

Mitleid zieht sich über Frau Meiers Gesicht. Jonas presst die Lippen zusammen. Sie denkt also wirklich, seine Familie sei reif für eine Runde Seelenklempnerei. Ein bisschen reden, ein bisschen zuhören, und alles ist wieder gut.

»Es ist schwer für dich, nicht wahr?«, fragt Frau Meier.

In Jonas öffnet sich ein großes, schwarzes Loch. »Wo ist Vater?«, presst er heraus.

»Bei euch unten. Mit dieser Fernsehfrau und einem Kameramann. Jonas, was ...«

Das schwarze Loch wird ihn gleich verschlingen. Jonas rennt los, bevor es ihn erwischen kann. Und bevor Vater die Familie noch tiefer in etwas hineinreitet.

Vor dem Haus der Familie Regenass stehen die Schaulustigen dicht aneinandergedrängt. Jonas quetscht sich zwischen ihnen hindurch.

»He!«, reklamiert ein wuchtiger Mann. »Wir waren vor dir hier. Stell dich gefälligst hinten an!«

»Genau!«, schallt es in seine Ohren. »Hau ab!«

Wortlos drängt er sich weiter vorwärts und prallt gegen einen breitschultrigen Kerl, der sich ihm in den Weg stellt.

»Hörst du schlecht?«

Jonas ballt seine Hände zu Fäusten, fühlt jede Blase und jeden Riss in der Haut, die er sich beim Arbeiten geholt hat. Doch der Zorn explodiert nicht. Er frisst sich durch die Eingeweide, fließt in das schwarze Loch und wird zum unterirdischen Vulkansee.

»Sie da, gehen Sie zur Seite!«, ruft eine ältere Dame. »Das ist der Junge aus dem Fernsehen. Der wohnt hier.«

Der Breitschultrige hebt die Hände in die Höhe. »Sorry, Kumpel. Hab dich nicht erkannt. Du hast nicht zufällig was zum Schreiben dabei? Dann könntest du mir nämlich ein Autogramm geben.«

Im Vulkansee blubbert es. Jonas drückt die Hände gegen seinen Magen. Er packt das nicht. Egal, was Biggi Gantenbein mit Vater und Mama macht, er kann nicht ins Haus hinein. Und so kämpft er sich den Weg zurück durch die Gaffer. Verbissen, mit gesenktem Kopf und zusammengepressten Lippen. An der Bäckerei vorbei, am Haus der Brunners vorbei. Dort, hinter den Fenstern mit den bestickten Vorhängen, sitzt Emma. Wahrscheinlich bei einem leckeren Eis oder Schokopudding. An einem liebevoll gedeckten Tisch. Bei einer normalen, netten Familie, die sie vielleicht sogar dazu überreden kann, die Schwimmweste auszuziehen.

Beim letzten Gebäude im Dorf bleibt Jonas stehen. Nicht weit von hier ist die Haltestelle. Er könnte immer noch in einen Bus steigen und zur Schule gehen. Dort müsste er eigentlich sein, aber er hat ja beschlossen, Verantwortung zu übernehmen. Nun, das ist so was von schiefgegangen! Jonas' innerer Vulkan wirft Blasen, die schmerzhaft an seinen Magenwänden zerplatzen.

»Ich dachte, du wolltest Emma abholen«, krächzt es neben ihm.

Danuser! Was macht der denn hier? »Wolltest du dir nicht den Karnickelbau ansehen?«, fährt Jonas ihn an.

»He! Lass deine schlechte Laune nicht an mir aus«, knurrt Danuser. »Hab selber welche.«

Dann mach dich doch vom Acker, denkt Jonas. Ich habe nicht nur schlechte Laune, ich besitze sogar einen eigenen Vulkan. Und der bricht gleich aus!

Danuser steckt seine Hände in die Hosentaschen und bleibt neben ihm stehen. Das hat etwas Beruhigendes. Der Vulkan in Jonas fährt seine Aktivitäten herunter.

»Ich hab's versiebt«, sagt er leise. So leise, dass der alte Mann seinen Kopf zu ihm herüberneigt und ein lautes »Was?« bellt.

»Ich hab's versiebt!«

»Versiebt? Was hat Emma denn mit Sandsieben zu tun?«

»Vergeigt«, sagt Jonas, diesmal lauter. »Vermasselt. An die Wand gefahren. Falsch gemacht. Kapiert?«

»Bin ja nicht blöd«, brummt Danuser. »Ihr jungen Leute habt aber auch eine seltsame Art zu reden.« Wie gestern schon zaubert er aus seiner Hosentasche eine zerknitterte Zigarette, auf der er auch heute herumkaut, als wäre sie sein Mittagessen. »Warum hast du es *versiebt*?«

Jonas erzählt ihm von der vorwurfsvollen Frau Meier, der normalen, netten Familie Brunner, der Sprungbrettfrau und der Meute vor seinem Haus. Die ganze Zeit kaut Danuser auf seinem Glimmstängel herum und hört einfach nur zu. Vielleicht ist die Zigarette schuld. Schon gestern war Danuser auffällig ruhig. Ist es möglich, dass ...? Nein! Jonas verwirft den Gedanken. Alte Leute kiffen nicht.

»Kann ich ...« Jonas räuspert sich und deutet auf die Kippe in Danusers Mund. »Kann ich auch eine haben?«

»Ich dachte, du rauchst nicht.«

»Tu ich auch nicht. Ich kaue sie. Wie du.«

Ein listiges Grinsen schiebt sich auf das Gesicht des Alten. Wortlos klaubt er eine weitere Zigarette hervor. »Hier.« Er hält sie Jonas hin. »Aber nicht anzünden. Will mir keinen Ärger einhandeln.«

Als ob sie den nicht schon hätten! Jonas schiebt sich die Kippe zwischen die Lippen und beginnt auf ihr herumzukauen. Tabakbrösel füllen seinen Mund. Unter Danusers heftigem Gelächter spuckt Jonas sie aus.

»Komm«, sagt der alte Mann. »Gehen wir den Karnickelbau anschauen, solange die Fernsehleute bei deinen Eltern sind.«

»Und wie stellst du dir das vor?«, fragt Jonas. Er streckt die Zunge aus dem Mund und wischt mit den Fingern den Tabak weg. »Da ist doch alles abgeschlossen.«

Danuser grinst noch etwas breiter. Wenn er nicht aufpasst, reicht sein Mund bald von Ohr zu Ohr! Gemächlich klaubt er einen weiteren Gegenstand aus der Hosentasche. Diesmal hält er keine Zigarette in der Hand, sondern einen Schlüssel. »Was sagst du jetzt?«

»Du bluffst. Das ist irgendein Schlüssel.«

»Tue ich nicht.«

Der Alte geht los. Als er merkt, dass Jonas ihm nicht folgt, dreht er sich um und winkt ihn ungeduldig zu sich her. »Komm schon! Allein ist das nicht lustig.«

Lustig? Das hier ist nicht Disneyland.

»Was ist?«, fragt Danuser.

»Ich habe heute schon genug ...«

»... versiebt«, führt Danuser den Satz für ihn zu Ende.

Jonas nickt.

»Was willst du denn sonst tun?«

Die Frage hat was. Jonas zuckt mit den Schultern und geht erst hinter, dann neben Danuser her.

Der Schlüssel passt tatsächlich.

»Woher hast du den?«, fragt Jonas.

»Von Grundinger.« Danuser stößt die Eingangstür auf.

Jonas zögert. »Das glaube ich dir nicht.«

»Sagen wir es so: Er ist aus dem Büro von Grundinger. Was kann ich dafür, dass er gerade nicht da war?«

»Schließ wieder ab«, bittet Jonas.

»Warum?«

»Weil das Einbruch ist.«

»Einer, der solche Musik hört wie du, sollte nicht so einen Respekt vor Autoritäten haben.« Seelenruhig tritt Danuser über die Schwelle.

Jonas bleibt stehen.

»Nun komm schon, du Schisshase!«

Jonas blickt über die Schulter. Niemand in Sicht. »Sepp, ich ...«

»Kommst du jetzt endlich?« Danuser klatscht mit der Hand gegen die raue Wand. »Verfluchter Beton. Kein Wunder will hier niemand wohnen.«

»Aber nur fünf Minuten. Ich muss Emma zurück in den Kindergarten bringen.«

»Die findet den Weg auch alleine. Früher ...« Danuser steckt den Schlüssel ins Schloss der ersten Wohnungstür. Das lenkt ihn ab, und so bleibt das, was er über früher sagen wollte, in der Luft hängen. Zum Glück. Jonas kennt nämlich von seinem Vater mindestens zweihundertfünfzig Sätze, die so anfangen. Sie hören nie gut auf. Immer kommt dann irgendwas, das die heutige Jugend im Allgemeinen oder er im Speziellen falsch macht.

»Geht nicht«, stellt Danuser fest und schlurft weiter zur nächsten Tür. Die geht auch nicht. Erst die letzte Tür im zweiten Stockwerk ist die richtige. Sie knarrt leise, als der alte Mann sie öffnet.

»Heiliger Bimbam!«, entfährt es Danuser.

»Boah«, flüstert Jonas.

Solche Wohnungen kennt er nur aus Filmen. Dort sind sie total schick eingerichtet, mit weißen oder schwarzen Designermöbeln, Musikanlagen, die ein Vermögen gekostet haben, und diesen modernen Bildern, die aus ein paar hingeworfenen Farbklecksern bestehen. Hier ist alles so leer, dass die Worte der beiden als Echo durch den Raum hallen. Die Möbel aus dem Haus der Familie Regenass wären in dieser Umgebung ungefähr so fehl am Platz wie ein Bergbauer in Gummistiefeln in einem In-Club in der Stadt.

Danuser geht zum Fenster. »Ich kann meine Scheune sehen. Liegt am Boden wie ein umgekipptes Boot.« Er zieht ein zerknülltes Taschentuch aus seiner Hosentasche und schnäuzt sich die Nase. »Weißt du, das Haus war beinahe zweihundert Jahre alt. Stand die ganze Zeit dort und trotzte allen Unwettern. Ich dachte, das überlebt auch mich. Und jetzt soll ich in diesen Karnickelbau ziehen?« Er schüttelt energisch den Kopf. »Vorher besteige ich eines von Balthasars UFOs.«

»Dir ist schon klar, dass die nicht kommen werden?«, fragt Jonas.

Danuser antwortet nicht. Er reckt den Hals und schaut nach draußen. »Da sind sie ja schon, die Geier.«

Jonas hat keine Ahnung, wovon der alte Mann redet. Doch nicht etwas von Balthasars UFOs? Er tritt ans Fenster und erschrickt. Dem Gebäude nähert sich ein ganzer Zug von Leuten, allen voran Gemeindepräsident Grundinger. Ebenfalls vorne mit dabei ist der rote Haarschopf von Biggi Gantenbein. Und mitten drin: Mama und Vater.

»Mist!« Schnell zieht Jonas Danuser weg von der Glasfront, an der sie stehen wie die Schaufensterpuppen. »Wir sind geliefert.«

»So ist es«, antwortet Danuser trocken. »Aber sieh es von der positiven Seite. Wenn die uns einlochen, müssen wir hier nicht wohnen.«

»Das Gebäude hat bestimmt einen Keller«, sagt Jonas. »Da könnten wir uns verstecken.«

»Könnten wir. Tun wir aber nicht.«

»Was dann?«

»Ein Angsthase wie du sollte Schlagermusik hören.« Danuser schreitet zielstrebig den Gang entlang zur Treppe.

»Was tust du?« Jonas rennt ihm hinterher.

»Das, was ein richtiger Mann tut.« Danuser dreht sich zu Jonas um. »Ich stelle mich dem Feind. Kommst du mit?«

Jonas schluckt. »Rockmusik. Ich höre Rockmusik.«

Danuser meckert. »Na dann mal los.«

Nebeneinander gehen sie die Treppe hinunter. Wie zwei Gesetzlose, die einer Übermacht entgegentreten. In Jonas' Kopf spielt Angus Young ein Gitarrensolo, während er Schulter an Schulter mit Danuser aus der Tür ins Freie tritt. Billy the Kid und ein in die Jahre gekommener Jesse James. Zeit für den Showdown.

So ähnlich scheint das auch Grundinger zu sehen, der abrupt stehen bleibt und sich in Sheriffpose wirft. »Wie zum Henker seid ihr hier reingekommen?«, blafft er.

»Mit einem Schlüssel aus deinem Büro«, erklärt Danuser ungerührt.

Der Gesichtsfarbe von Grundinger tut diese Antwort nicht gut. Sie nimmt ein tiefes Rot an. »Darüber reden wir später«, zischt er. »Nach der Orientierung.«

»Nun, dann sieh mal zu, dass du sie nicht verlierst«, sagt Danuser. »Ich meine, die Orientierung. Mich wirst du dabei nicht brauchen. Hast ja die da.« Mit einer verächtlichen Geste deutet er auf die Medienleute, die wie kleine Hilfssheriffs neben Grundinger in der ersten Reihe stehen.

Dafür erntet Danuser einen gehässigen Blick, der gleich danach auch Jonas trifft, ein Bannstrahl mit einer einzigen Botschaft. *Verschwindet!* Genau das hat er sowieso vor.

Biggi Gantenbein macht ihm einen Strich durch die Rechnung. »Ich möchte, dass Jonas bei der Besichtigung dabei ist.«

»Danke, ich hab die Hütte schon gesehen«, sagt Jonas.

»Und dein Vater hat einen Vertrag unterschrieben«, antwortet sie so leise, dass nur er sie hören kann. »Können wir jetzt reingehen?« Diesmal redet sie lauter und mit Grundinger. »Lars muss das Licht prüfen und die Kamera aufstellen.«

Lars? Das ist dann wohl der langhaarige Kerl mit den ausgebleichten Jeans und der coolen Lederjacke, der neben Biggi steht und ihre Ausrüstung locker in einer riesigen Tasche über die Schulter gehängt hat.

»Aber sicher doch.« Das Lächeln auf Grundingers Gesicht erinnert an das von Frau Meier, wenn sie mit etwas überhaupt nicht einverstanden ist. »Gehen wir!«, ruft er. »Zutritt haben die betroffenen Familien und die Damen und Herren von den Medien.«

Die Gruppe setzt sich in Bewegung; eifrig die Medienvertreter, eher zögerlich die zukünftigen Bewohner des Karnickelbaus. Jonas entdeckt die Familie des Bäckers, den Gunten-Josef und ein paar andere, deren Häuser überschwemmt worden sind. Vater geht mit versteinerter Miene an ihm vorbei, Mama kommt auf ihn zu und hebt die Hand, als wolle sie ihm über die Wange streichen. Schnell weicht Jonas zurück. Nicht hier, nicht vor allen Leuten.

Er lässt sich von der Menge treiben, hinein in eine Wohnung im Erdgeschoss. Etwas abseits von den anderen stellt er sich in die Nähe des Fensters und mustert die Gesichter um ihn herum. Erschrockene. Verängstigte. Trotzige. Müde. Neugierige. Zweifelnde. Verärgerte. Zwei davon gehören seinen Eltern. In Vaters ist etwas Farbe zurückgekommen, Mama sieht ein bisschen aus wie ein Vogel, der aus dem Nest gefallen ist. Irgendwie stimmt das ja auch.

Der langhaarige Typ von *TeleG1* dirigiert Grundinger so lange herum, bis er perfekt positioniert ist. Biggi Gantenbein beharrt darauf, dass die Familie Regenass in der vordersten Reihe der Zuhörer steht. Erst nach mehrmaligem Umstellen der Menschengrüppchen ist sie zufrieden und gibt Grundinger das Okay-Zeichen.

Der Gemeindepräsident räuspert sich. Das leise Murmeln verstummt und eine wahre Flut von Informationen prasselt auf die Anwesenden nieder. Sie vermittelt das Gefühl, dankbar sein zu müssen. Für das Dach über dem Kopf, die so schnell angelaufene Hilfe, die vielen Spenden, den anteilnehmenden Zuspruch. Dafür, dass sie schon heute Abend in diese Wohnungen ziehen können, und für vieles mehr, was Jonas gleich wieder vergisst. Am Ende ist er nicht dankbar, sondern fühlt sich schlicht und einfach beschissen. Zu groß ist die Wut darüber, was die Katastrophe aus seiner Familie gemacht hat. Er ertappt sich bei dem Wunsch, Vater möge gegen *die da oben* lospoltern und noch mehr gegen die fehlenden Bachverbauungen, aber der sonst so aufbrausende Mann sagt nichts. Gar nichts.

Grundinger legt eine Pause ein. Schaut in die Runde. Wippt auf den Zehenspitzen und fährt sich mit der Zunge über die Lippen. »Wir kommen zum Höhepunkt!«, ruft er feierlich. »Der Übergabe! Ihr erhaltet jetzt den Schlüssel zu der Wohnung, die euch zugeteilt ist.« Er schreitet von Familie zu Familie, schüttelt allen die Hände und verteilt die Schlüssel.

»Kann ich den für Sepp haben?«, fragt Jonas, als Grundinger Vater die Hand drückt.

Die gütige Milde, die sich auf das Gesicht des Gemeindepräsidenten gelegt hat, löst sich schlagartig auf. Jonas deutet mit dem Kopf in Richtung Lars, der den Augenblick mit der Kamera festhält, und siehe da, die Milde kehrt zurück. Mit einem verächtlichen Grinsen nimmt Jonas den Schlüssel in Empfang und verstaut ihn in seiner Hosentasche.

Als Grundinger seine Show fertig abgezogen hat, schickt er die stumme Zuhörerschar, die nicht so recht weiß, wie ihr geschieht, in ihre Wohnungen. Lars packt die Ausrüstung und folgt Familie Regenass in den ersten Stock.

»Muss das sein?«, fragt Jonas.

»Vertrag ist Vertrag«, sagt Vater mit einem resignierten Schulterzucken.

Ist das die Sache wert?, will Jonas nachbohren, aber was versteht er schon von Versicherungen und der finanziellen Situation der Familie? Also weicht er der Kamera aus, die Lars auf einem Stativ mitten in den riesigen Raum stellt, der zugleich Küche, Ess- und Wohnzimmer ist, und schaut sich um. Vier Zimmer und ein Badezimmer gehören noch zur Wohnung; sie sind größer, heller und höher als die Räume zu Hause. Es knarrt beim Gehen auch nicht unter den Füßen, obwohl der Boden aus Holz ist. So hört Jonas nicht, wie Biggi den Raum betritt, der schon bald sein Zimmer sein könnte.

»Gefällt es dir hier?«, fragt sie.

Jonas fühlt ihren Blick in seinem Rücken. »Nein!«

»Ich glaube, deine Mutter mag die Wohnung.«

Was für ein billiger Trick, ihn zum Reden bringen zu wollen. Sprungbretter reden nicht, liebe Fernsehfrau, man trampelt nur auf ihnen herum. Wortlos geht Jonas an ihr vorbei und verkrümelt sich in die Küche.

Dort steht seine Mutter vor einem dieser Designerträume. Liebevoll fährt sie mit der Hand über die steinerne Arbeitsplatte der Küchenkombination. »Fühl mal«, sagt sie. »Ganz glatt. Und so viel Licht!«

Bevor Jonas antworten kann, ist auch Biggi von der Besichtigungsrunde zurück. »Na, das ist doch viel besser als der Schutzraum!«, ruft sie fröhlich. »Freuen Sie sich darauf, heute hier einziehen zu können?«

»Heute?« Mama schaut verwirrt zu Jonas. »Das geht doch nicht. So ganz ohne Möbel.«

Natürlich hat niemand an die Möbel gedacht! Sie stehen alle noch in den überschwemmten Häusern, im besten Fall total verdreckt, im schlimmsten Fall vollgesogen mit brackigem Wasser. Konfrontiert mit dieser unerfreulichen Erkenntnis, ordert Grundinger eine weitere Nacht im Schutzraum an, murmelt etwas von schnellen Lösungen suchen und eilt in Richtung Rathaus davon.

»Na dann ...« Vater zuckt gleichgültig mit den Schultern. »Gehen wir weiterarbeiten.«

»Die Kleider können wir ja schon mal packen«, sagt Mama, die fast nicht mehr wie ein aus dem Nest gefallener Vogel aussieht.

»Das ist eine wunderbare Idee.« Biggi Gantenbein gibt dem Langhaarigen ein Zeichen. »Lars und ich fahren ins Studio. Spätestens morgen sind wir zurück.«

Bloß nicht! Jonas wünscht der Frau einen Motorschaden am Auto. Einen Kurzschluss im Studio. Oder sonst etwas, das sie davon abhält, jemals wieder an diesen Ort zurückzukehren.

12

Die Tür öffnet sich, aufgeregte Kinder strömen auf den Platz vor dem Kindergarten.

»Jonas!« Emma hüpft ihm entgegen. Ihr Haar und die Schwimmweste leuchten um die Wette. Ihr Gesicht glüht vor Begeisterung. »Schau!« Sie hält ihm ein Papier hin.

Bevor Jonas dazu kommt, sich Emmas Zeichnung anzusehen, ist er von neugierigen Kindern umringt.

»Die Frau mit den roten Haaren war heute bei uns!«, kräht ein Knirps mit roten Wangen. »Wir sind jetzt auch im Fernsehen!«

»Wie die Music-Stars!«, brüllt ein anderer.

»Nein, viel besser! Wie die von DSDS!«, schreit ihn der Kleinste nieder.

Eine Weile reden alle durcheinander, dann leert sich der Platz. Jonas ist mit Emma allein und kann sich ihre Zeichnung in Ruhe anschauen. Er erkennt ein Schiff, auf dem ein Strichmännchen mit Danusers Frisur steht.

»Ist das Sepp?«

»Ja. Und sein neues Haus.« Sie zeigt auf das Schiff. »Das ist mein Plan.«

»Das ... das ist ...« Jonas stockt. Das ist ein Luftschiff, ein verrücktes Traumgebilde, und dennoch kann sich Jonas vorstellen, dass Danusers Zuhause genau so aussehen wird. »... schön«, bringt er seinen Satz zu Ende.

Er nimmt Emma an die Hand und macht sich auf den Heimweg. Gero würde sagen, es ist gut, dass Jonas Luftschiffe sehen kann. Jonas ist nicht so sicher. Vater redet immer davon, wie bodenständig man sein muss, wenn man Erfolg haben will.

Die Welt ist ein hartes Pflaster. Nur der Starke überlebt. Man braucht keine Visionen, sondern einen gesunden Arbeitswillen. Solche Dinge sagt Vater beim Abendessen. Wenn er sich richtig in Fahrt redet, kann Jonas manchmal sehen, wie der Blick seiner Mutter leer wird und sie bald danach aufsteht und geschäftig das Geschirr vom Tisch räumt. Jonas ist überzeugt, dass auch Mama Luftschiffe sehen konnte. Früher.

»Sind wir wirklich so berühmt wie die Music-Stars vom Schweizer Fernsehen?«, fragt Emma.

»Ich denke nicht«, antwortet er und hofft inständig, dass er recht hat. Niemand schaut Lokalfernsehen. Zumindest kennt Jonas niemanden, der sich so was antut. Außerdem passieren in der Welt sehr viel grässlichere Dinge als eine Überschwemmung; da interessiert es keinen Menschen, wenn irgendwo in einem Bergtal eine Familie den Boden unter den Füßen verliert. Wenn niemand hinschaut, wird die Sendung aus dem Programm gekippt, Biggi Gantenbein fällt vom Sprungbrett ins kalte Wasser und dann ... dann haben sie immer noch ein paar andere, ziemlich heftige Probleme am Hals.

Eines dieser Probleme erwartet sie schon, als sie nach Hause kommen. Vater verabschiedet sich gerade mit hängenden Schultern und gesenktem Blick von zwei elegant gekleideten Männern.

»Wer ist das?«, flüstert Emma.

»Keine Ahnung«, lügt Jonas. »Willst du Mama das neue Haus von Sepp zeigen?«

»Und Papa?«

»Später«, antwortet Jonas. »Papa und ich müssen noch etwas besprechen.«

Emma schaut zu ihm hoch.

»Es dauert nicht lange.« Er weicht ihrem Blick aus. Sie zögert. »Nun geh schon!«

Emmas Gesichtsausdruck verrät ihm, dass sie Angst hat. Von der Begeisterung, mit der sie aus dem Kindergarten gekommen ist, ist nichts mehr übrig. Niedergeschlagen trottet sie in Richtung Haus.

»Papa?« Langsam geht Jonas auf seinen Vater zu. »Waren das die Leute von der Versicherung?«

»Was hattest du im Karnickelbau zu suchen?«

»Sepp wollte ihn sich ansehen. Papa, waren das die Männer von der Versicherung?«

Vater wendet sich ab.

Jonas lässt nicht locker. »Ist es ... sehr schlimm?«

»Denkst du, ich würde sonst so einen Vertrag abschließen? Mit dem verfluchten Fernsehen?«

Nun, immerhin hat Vater sich das selber eingebrockt. Er war es, der die Versicherungen gekündigt hat.

»Ist ja klar, dass es so gekommen ist. Steuern kassieren sie gerne von einem wie mir, aber wenn es dann mal eng wird, ist das denen scheißegal.«

Eng wird es auch in Jonas' Kehle. »Läuft es so schlecht mit deinem Geschäft?«

»Lass das mal meine Sorge sein«, brummt Vater. »Bis jetzt hat noch immer etwas zu essen auf dem Tisch gestanden, oder etwa nicht?«

Das Essen schon. Aber wenn Jonas es sich recht überlegt, hat es Anzeichen dafür gegeben, dass das Geld nicht im Überfluss da war. »Was geschieht jetzt mit uns?«, fragt er und meint damit nicht nur in den nächsten paar Tagen.

»Na, was schon? Wir ziehen in den Karnickelbau.« Vater spuckt auf den Boden. »Deiner Mutter scheint's dort zu gefallen. Kannst ihr beim Packen helfen.«

»Lass Mama aus dem Spiel!« Der Vulkan in Jonas' Magen nimmt seine Aktivitäten wieder auf. »Das ist nicht fair.«

»Du hast keine Ahnung, was es heißt, eine Familie ernähren zu müssen. Für euch ist alles selbstverständlich. Dass ich mir den Arsch aufreißen muss, um das Geld hereinzuholen, kümmert euch doch nicht. Es muss einfach da sein. Aber *einfach* ist überhaupt nicht einfach. Kapiert?«

Ja. Nur zu gut. Es ist nichts mehr da. Jonas denkt an den Brief, den er seit Tagen unter seiner Matratze versteckt. Nächstes Mal, wenn Danuser ein Lagerfeuer entzündet, wird Jonas das Schreiben verbrennen. Vielleicht gibt ihm der Guggenbühl von der Raiffeisenbank die Lehrstelle zurück, die Jonas trotz unterschriebenem Vertrag nicht mehr wollte.

»Denkst du, das reicht?«, fragt Mama.

Jonas zieht den Reißverschluss der Reisetasche zu und stellt sie auf das Bett. Zwei Koffer und drei Taschen. Das ist wenig, aber Jonas fällt nichts ein, was sie vergessen haben könnten. Das heißt, da wäre schon noch etwas. Er deutet zur Kommode, wo ordentlich sortiert und aufgereiht ein Teil des Hochzeitssilbers liegt. »Willst du das nicht mitnehmen?«

Mama schüttelt den Kopf. »Es gehört hierher.«

»Ich dachte, du brauchst es«, sagt Jonas verwirrt.

»Vielleicht auch nicht.« Sie lächelt. Nicht abwesend, wie die letzten beiden Tage, oder gezwungen wie Frau Meier, sondern wie um etwas wissend, das sich nur ihr erschließt.

»Dann hast du mit Suchen aufgehört?«

»Noch nicht. Erst muss ich mir sicher sein.«

Jonas versteht das alles nicht. Eigentlich ist es auch nicht so wichtig. Wichtig ist nur, dass Mamas Stimme wieder fester klingt.

»Ich könnte einen Teil des Gepäcks schon mal in den Karnickelbau bringen«, schlägt er vor.

»Das ist eine gute Idee.« Sie streicht sich gedankenverloren eine Haarsträhne aus dem Gesicht. »Glaubst du, dass wir jemals wieder hier wohnen?«

Jonas mag sie nicht anlügen. »Ich weiß nicht.«

»Biggi meint ...«

»Interessiert mich nicht!« Kaum sind die Worte draußen, könnte sich Jonas die Zunge abbeißen. Da redet seine Mutter endlich mit ihm, und er hat nichts Gescheiteres zu tun, als sie so rüde zu unterbrechen.

Mama greift nach einem silbernen Löffel, haucht ihn an und reibt ihn an ihrer Bluse trocken. Der *guten* Bluse, die sie sonst nur am Sonntag trägt. »Ich glaube, Biggi versteht, warum ich das Hochzeitssilber suche. Und warum das vielleicht gar nicht nötig ist.«

Trau ihr nicht, sie nutzt dich aus, will Jonas seine Mutter warnen, doch er tut es nicht. »Hast du es ihr denn verraten?«, fragt er stattdessen.

Mama schüttelt den Kopf. »Sie ist nett.«

Jonas bringt es nicht übers Herz, seiner Mutter zu sagen, dass sie nur ein Sprungbrett sind. Wortlos greift er sich zwei Taschen und verlässt das Zimmer.

»Wohin gehst du?«, ruft Vater.

Jonas antwortet nicht. Er fragt auch nicht nach dem Wohnungsschlüssel; er hat selber einen. Den von Danuser. Der Alte wird bestimmt nichts dagegen haben, wenn jemand in seiner Wohnung ein paar Taschen deponiert. Er wird sie sowieso nicht benutzen. Jonas stöpselt sich die kleinen Kopfhörer in die Ohren und stapft los.

Im Karnickelbau stellt er die zwei Taschen vor Danusers Wohnungstür. Zum Sound von AC/DC, die ihre Kanonen abfeuern und damit alle jene grüßen, die rocken wollen, steckt er den Schlüssel ins Schloss. *For those about to rock, we salute you.* Jonas singt mit, nicht laut, nur in seinem Kopf. In dem Moment, als der Kanonenschuss losböllert, klopft ihm jemand auf die Schulter. Vor Schreck knallt Jonas, Kopf voran, gegen die Tür.

»Das wollte ich nicht.«

Benommen dreht er sich um. Besorgte Bergseeaugen blicken mitten in seine Seele. Seine Hände zittern gehörig, als er sich die Kopfhörer aus den Ohren zieht.

»Entschuldige«, sagt Lili. »Hast du dir wehgetan?«

Ja. Nein. Weiß nicht. »Was ... Was tust du denn hier?«, stammelt Jonas.

»Lange Geschichte.« Sie greift sich einen der herunterhängenden Kopfhörer und hält ihn an ihr Ohr. »AC/DC. Super Band. Hätte ich gerne mal live gesehen. Aber leider habe ich keine Tickets fürs Konzert erwischt.«

»Ich auch nicht«, antwortet Jonas.

Sie lacht. »Dann können wir ja zusammen nicht hingehen.«

Das wäre der perfekte Abend. Die Krönung seines noch jungen Lebens. Durch nichts mehr zu toppen, auch wenn er hundert Jahre alt wird. Ja!, denkt Jonas. Sagen tut er was anderes. »Spionierst du uns nach? Schickt dich deine Mutter?«

»Nein.« Ihre Augen erinnern immer noch an einen Bergsee, jetzt aber an einen eisig kalten.

»Könnte ja sein.«

»Könnte. Ist es aber nicht.«

Diesmal ist es an Jonas, sich zu entschuldigen. »Tut mir leid«, murmelt er.

»Schon gut. Ich versteh dich ja. Ist bestimmt ein ganz schräger Trip für dich.«

Schräger Trip? So kann man es auch ausdrücken.

»Und wie ist es denn, wenn es nicht so ist, wie ich denke?«, fragt er.

»Sagte ich schon. Lange Geschichte. Können wir über was anderes reden?«

Diese Lili hier ist anders als die in Jonas' Träumen. Bergseefeen reden nicht von schrägen Trips und haben auch keinen Pickel am Kinn.

Er muss direkt darauf gestarrt haben.

»Pickel sind ebenfalls tabu. Klar?«, sagt sie.

Klar ist nur eins. Die Fee aus seinen Träumen ist keine Fee, sondern das direkteste Mädchen, das Jonas jemals getroffen hat. Er öffnet die Tür und stellt die beiden Taschen in den Eingangsbereich. »Ich muss noch mal weg«, erklärt er. »Den Rest des Gepäcks holen.«

»Ist es viel?«

»Geht so. Zwei Koffer und eine Tasche. Du könntest mir tragen helfen.«

Lili grinst. »Okay. Gehen wir. Und worüber reden wir?«

Nicht über ihre *lange Geschichte*. Nicht über Pickel. Nicht über Jonas und seine Familie.

»Musik«, sagt Jonas.

»Genau mein Ding«, meint sie. »Ich liebe Musik.«

Lili liebt nicht nur Musik, sie spielt auch in einer Band. Bassgitarre. Und sie kennt alle Bands, die Jonas mag. Sie erzählt Jonas auch, welche Musik sie mag. Für einmal braucht er seine Kopfhörer nicht. Es ist Lili, die ihn auf dem Weg nach Hause alles andere vergessen lässt.

Dort kommt sie wunderbar mit dem Mädchen in der rosafarbenen Schwimmweste klar und kann über Hochzeitssilber reden, als hätte sie selbst welches zu Hause. Es gelingt ihr sogar, so was Ähnliches wie ein Lächeln auf Vaters Gesicht zu zaubern. Das Ganze könnte perfekt sein, wenn da nicht diese blöde Ahnung wäre, die mit einem hässlichen Geräusch durch Jonas' Gedanken schrammt wie eine Nadel über eine Schallplatte. Lili ist Biggis Tochter! Warum ist sie zu der ganzen Familie so furchtbar nett? Und weshalb erzählt sie ihm zwar alles über ihre Lieblingsmusik, aber nicht, was sie hier oben in diesem sprichwörtlich gottverlassenen Kaff tut?

Weil Lili nicht ihre Mutter ist, versucht sich Jonas einzureden. Es hilft nicht. Irgendwann verzieht er sich nach oben und holt das restliche Gepäck.

»Gehen wir doch alle zusammen in die Wohnung«, schlägt Lili vor.

In Jonas Brust wird es eng. Mama und Emma sind begeistert. Nur Vater murrt ein bisschen, aber nicht sehr.

»Sie könnten die Räume ausmessen, Herr Regenass«, schlägt sie vor. »Wegen der Möbel.«

»Also gut«, brummt Vater. »Gehen wir.«

»Nein!« Jonas stellt sich vor das Gepäck.

»Und warum nicht?«, fragt Vater.

Zum ersten Mal seit der Flutwelle hat die Familie ein gemeinsames Ziel, und sei es auch nur ein Spaziergang zu einer Wohnung in einem Karnickelbau. Jonas spürt das bisschen Zuversicht, das zurückgekehrt ist. Und seine Rolle ist mal wieder die des Spielverderbers. »Weil hier etwas nicht stimmt.« Er sieht zu Lili hinüber, die seinem Blick ausweicht, und weiß, dass er recht hat.

»Wir gehen«, entscheidet Vater und will nach den Koffern greifen.

Lili kommt ihm zuvor. »Nicht mit Ihren Händen«, sagt sie. »Jonas und ich können beide einen nehmen.«

»Und ich trage die Tasche«, sagt Mama.

Jonas presst die Lippen zusammen. Vielleicht ist er zu misstrauisch, vielleicht ist alles in Ordnung und nur er dreht langsam durch.

13

»Überraschung!«, ruft eine fröhliche Frauenstimme.

Sie gehört Biggi, die sie mit einer Flasche Champagner im Wohnzimmer erwartet. »Ist es nicht schön geworden?« Mit einer ausladenden Armbewegung deutet sie auf die nagelneuen Möbel.

Jonas stellt den Koffer hin. »Mach das Ding aus!«, sagt er zum Langhaarigen hinter der Kamera.

»Aber nicht doch!« Biggi lacht. »Wir wollen doch den Augenblick festhalten.«

»Ach ja, sollen wir uns jetzt freuen, oder was?«

»Jonas«, sagt Mama leise. »Nicht.«

Natürlich nicht. Das Fernsehen bezahlt. Also befiehlt es auch. So ein ähnlicher Spruch stand auf einem Blechschild in Vaters Büro, bevor die Flutwelle es mitriss. Eines der wenigen Dinge, um die es nicht schade ist.

»Wollten Sie nicht erst morgen wiederkommen?«, fragt Vater verwirrt.

»Nicht so förmlich«, korrigiert ihn Biggi. »Wir haben uns doch auf Du geeinigt, Karl«

»Wolltest du nicht ...«, beginnt Vater von vorne.

»Das gehörte zum Plan«, unterbricht ihn Biggi. »*TeleG1* hat mir ein Team zur Seite gestellt, das die Filmbeiträge aufbereitet, damit ich so viel Zeit wie möglich für die Aufnahmen habe. Und zum Organisieren anderer wichtiger Dinge. Wie zum Beispiel einer ganzen Wohnungseinrichtung.« Sie zwinkert Vater zu. »Na, wie findet ihr es?«

»Schön«, sagt Mama.

»Kann ich mein Zimmer sehen?«, fragt Emma, der man mit ein paar modernen Möbeln und einem riesigen Flachbildschirm nicht imponieren kann.

Vater schweigt. Dafür redet Biggi wie ein Wasserfall. »Jonas hätte uns beinahe ertappt. Zum Glück haben wir ihn kommen sehen und konnten rechtzeitig in Deckung gehen. Lili hat ihn abgelenkt und weggelockt. Ich finde, sie hat das prima hinbekommen. Du bist mir doch nicht böse, deswegen, Jonas?«

Nein, ich hasse dich nur, denkt Jonas. Lili will er gleich mithassen, aber das geht irgendwie nicht und irgendwie doch und am schlimmsten ist, dass das, was er fühlt, viel schrecklicher ist als Hass.

»Sei ehrlich«, quasselt Biggi weiter. »Was meinst du zur neuen Wohnung?«

»Sie ist zum Kotzen.« Jonas schluckt den Kloß in seinem Hals runter. »Ich geh dann mal in den Schutzraum.«

»Warte! Das musst du nicht. Wir haben auch Betten mitgebracht.«

»Damit wir nach der Show tief und fest schlafen können? Nein danke.«

Jonas schafft es trotz wackliger Beine zur Tür. Er hört, wie Mama seinen Namen ruft und bleibt stehen. Vielleicht kann er das hier ja durchziehen. Für Mama und Emma. Er versucht, sich vorzustellen, wie er sich beim Abwaschen filmen lässt und irgendwas Nettes über die Möbel sagt. Es gelingt ihm nicht.

Er muss hier raus!

»Warte!«, ruft es hinter ihm.

Jonas bleibt stehen. Aber erst im Flur draußen, wo sie allein sind.

»Das wollte ich nicht«, sagt Lili.

»Schenk's dir.«

»Red mit mir!«

»Hau ab!«

»Nein! Ich will, dass du mit mir redest.«

Jonas dreht sich zu ihr um. »Worüber denn? Deinen Scheißpickel? Oder lieber darüber, wie man jemanden verarscht?«

»Über die lange Geschichte.«

»Kein Interesse. Hab sie mir soeben zusammengereimt. Nur eine Frage habe ich noch: Wer bezahlt die Möbel? Der Fernsehsender oder ein Sponsor? Sind wir der neue Möbelhaus-Irgendwas-Werbespot? Muss ich nun T-Shirts mit den Logos eurer Geldgeber tragen? Mich total zum Affen machen?«

Lili hebt ihre Hände in einer entschuldigenden Geste. »Ich hab's gut gemeint, okay? Tut mir leid, wenn es bei dir anders ankommt. Deine Familie muss raus aus dem Schutzraum, raus aus dem Haus. Sie braucht einen Ort, an dem sie für sich ist und Halt finden kann.«

»Im Fernsehen? Unter den Augen der Öffentlichkeit? Als wandelnder Werbespot?« Jonas weicht ein paar Schritte zurück. Als er sicher ist, dass Lili ihm nicht antworten und auch nicht folgen wird, wendet er sich von ihr ab und beginnt zu rennen, aber nicht in den Schutzraum, sondern in sein zerstörtes Zuhause.

Im Flur liegt die Schaufel, mit der Vater versucht hat Ordnung ins Chaos zu bringen. Jonas hebt sie auf und trägt sie nach draußen, wo er sie gegen die Hauswand stellt. Sie rutscht ab und schlägt hart auf dem Boden auf. Genau wie meine Familie, denkt Jonas. Trotzig richtet er sie wieder auf, diesmal andersherum, mit dem Stiel nach unten. Damit sie nicht wieder abgleiten kann, rammt er das Werkzeug mit aller Kraft in den Boden.

»Der hast du es aber gezeigt«, meckert es hinter ihm.

»Ich setze ein Denkmal«, antwortet Jonas ernst.

»Aha.«

»Ja.«

»Für wen?«

»Meine Familie.«

Danuser stellt sich neben Jonas. Gemeinsam betrachten sie die Schaufel. Nach einer Weile kratzt sich der alte Mann am Kopf und fragt: »Bist du fertig, oder kommt da noch was dazu?«

»Weiß nicht.« Jonas fährt mit der Hand über die Schaufelspitze. »Ich denke, für den Augenblick reicht es.«

»Gut, dann kannst du mir jetzt helfen, ein Feuer zu machen.«

»Da wird der Hämmerli aber keine Freude haben.«

»Der Grundinger auch nicht.«

Danuser lacht. Er steckt die Hände in die Taschen seiner Uralt-Militärhosen und stapft davon. Jonas wirft einen letzten Blick auf die Schaufel und folgt ihm.

Später sitzen sie am Feuer, diesmal ohne Musik, weil Jonas die Lautsprecher im Schutzraum vergessen hat, dafür gut versorgt mit Lebensmitteln. Danuser ist am Nachmittag mit dem Bus in die Ebene hinuntergefahren und hat seinen Vorrat aufgestockt. Unter anderem mit Würsten, die sie nun über das Feuer halten, während sie ab und zu einen Schluck Bier trinken.

»Hab nicht an Cola gedacht«, brummt Danuser. »Konnte ja nicht wissen, dass du zum Essen kommst.«

»Schon in Ordnung.« Jonas hat nichts gegen das Bier, das seinem Kopf eine wunderbare Leichtigkeit beschert.

»Wie man so hört, seid ihr in eine todschicke Wohnung gezogen.« Danuser wischt sich über die Oberlippe. »Warum bist du nicht dort?«

»Keine Lust.« Jonas greift nach der Flasche an und trinkt hastig ein paar Schlucke. »Bei dir ist es gemütlicher.«

In Danusers Augen schleicht sich Traurigkeit. »Eine Familie gehört zusammen.«

Jonas will die Flasche erneut ansetzen, aber Danuser ist schneller. »Das hilft nicht«, sagt er bestimmt.

»Als ob du eine Ahnung vom Leben hättest!«, bricht es aus Jonas heraus. »Ausgerechnet du willst mir sagen, was hilft und was nicht hilft.« Seine Gefühlsdämme stürzen ein und ein Schwall Vorwürfe ergießt sich über den alten Mann. Vom Sondermüll über den Apfelbaum bis hin zu den nicht einbezahlten Versicherungen rechnet Jonas Danuser seine Lebensunfähigkeit vor. »Und ich bin keinen Scheiß besser«, flüstert er, nachdem er sich leer geredet hat. »Ich kann nicht mal richtig auf Emma aufpassen.«

Wortlos reicht ihm Danuser die Bierflasche. Jonas stellt sie auf die improvisierte Sitzbank. »Hast recht«, sagt er heiser. »Dieses Zeug hilft wirklich nicht. Wird Zeit, dass ich den Tatsachen ins Auge sehe.«

Er lässt Danuser beim Feuer zurück und geht in sein Zimmer. Der Umschlag, von dem niemand außer Jonas weiß, ist immer noch unter der Matratze. Er zieht ihn hervor und macht sich wieder auf den Weg zu seinem Nachbarn. Vor der Schaufel bleibt er kurz stehen, salutiert und stolpert hinüber zu Danuser.

Er hält den Brief, der keine Bedeutung mehr hat, über das Feuer. In dem Moment, wo er loslassen will, packt Danuser ihn am Handgelenk und entreißt ihm den Umschlag.

»Bist du sicher?«, fragt er.

Jonas presst die Lippen zusammen.

»Schlaf drüber«, sagt Danuser. »Ich heb ihn für dich auf.«

14

Das mit dem Drüberschlafen kann man genauso vergessen wie das mit dem Tiefdurchatmen. Erstens schläft es sich mit Problemen schlecht. Zweitens wachsen sie in der Nacht zu Monstern heran. Und so schleicht sich Jonas in aller Frühe aus dem Haus, zur Haltestelle bei der Sägerei, der einzigen, zu der die Busse noch gelangen. Dort steigt er in den Bus, zusammen mit einer ganzen Horde Probleme, die sich hinter ihm durch die Tür quetschen und auf den Sitzen um ihn herum Platz nehmen. Jonas könnte schwören, dass ihm jedes einzelne davon gemein ins Gesicht lacht. Was er jetzt braucht, ist der Rat von jemandem, der die Welt mit anderen Augen sieht. Und da ist ihm nur einer eingefallen. Gero.

Der Bus windet sich bergabwärts durch die Kurven und hält am Rand des Dorfes an, in dem sich die Oberstufenschule befindet, die Jonas besucht, wenn nicht gerade sein Leben zusammenkracht. Unter viel Gejohle steigen ein paar Typen aus seiner Schule ein. Er lässt sich tief in seinen Sitz gleiten und senkt den Kopf.

»Ey, Leute, wenn man vom Teufel spricht!« Lautes Gelächter hallt durch den Bus. »Unser TV-Star ist hier!«

»Stimmt es, dass du in den Wohnblock eingebrochen bist?«, ruft Mike aus der Parallelklasse, worauf die ganze Truppe vor Vergnügen grölt.

»Ist halt 'n harter Kerl«, brüllt Dino.

»Und dann diese Schwimmweste! Sag mal, hat deine Schwester einen Knall?«

Jonas starrt auf seine Knie. Sein Gesicht glüht.

»Was ist eigentlich mit deiner Mutter los? Ist die jetzt gaga, oder was?«

Plötzlich wird es still. Als ob alle gemerkt hätten, dass sie eine Grenze überschritten haben.

»Sorry, Mann«, entschuldigt sich Leo, ein netter Kerl, der letztes Jahr im Schülertheater die Hauptrolle gespielt hat. »Hör nicht auf die Idioten.«

Kurz danach hält der Bus vor der Schule. Viel stiller, als sie eingestiegen ist, steigt die Gruppe aus. Jonas bleibt sitzen.

»Kommst du nicht mit?«, fragt Leo.

»Morgen vielleicht«, antwortet Jonas.

Heute muss er etwas anderes tun. In die Stadt fahren. Die Stecker im Studio rausziehen. Dem Boss des Senders eine reinhauen. Machen, dass es aufhört, bevor es noch viel schlimmer kommen kann.

Jonas fährt weiter bis zum Bahnhof. Am liebsten würde er sofort in einen Zug steigen und losfahren, aber er hat zu wenig Geld für eine Fahrkarte dabei. Zum Glück liegt Geros Atelier gleich hinter den Gleisen.

Die schwere Eisentür quietscht beim Öffnen. Andere Leute würden in so einem Fall zum Ölkännchen greifen. Nicht so Gero. »Wieso sollte ich?«, hat er zu Jonas gesagt. »Das Quietschen erspart mir die Klingel.«

Jonas hofft, dass Gero das *Klingeln* hört und lässt sich selbst herein. Eine kleine Ewigkeit später steuert Gero auf ihn zu, in der Hand eine Tasse mit einer dampfenden Flüssigkeit, dem Geruch nach einer seiner Kräutertees.

»Jonas! Was tust du denn hier?«

»Eigentlich wollte ich deinen Rat.«

»Aber?« Gero zieht fragend die Augenbrauen hoch.

»Kannst du mir Geld leihen?«, kommt Jonas direkt zur Sache.

»Netter Witz«, sagt Gero. »Ich und Geld. Haha. Das mit dem Rat wäre einfacher gewesen.«

»Nur ein paar Franken. Für ein Bahnticket.«

»Wozu brauchst du ein Bahnticket? Solltest du nicht zu Hause helfen? Oder in der Schule sein?«

Gero gönnt sich einen Schluck Tee. Dabei schlürft er so laut, dass Jonas zusammenzuckt. Er hasst dieses Geräusch. Genau so klingt es, wenn Vater seinen Kaffee trinkt!

»Lange Geschichte«, sagt Jonas und sieht dabei Bergseeaugen. Sein Brustkorb zieht sich zusammen und drückt aufs Herz.

»Ich liebe lange Geschichten!«, ruft Gero begeistert.

»Ein anderes Mal.« Jonas schaut auf die Uhr. »So viel Zeit habe ich nicht.«

»Und ich kein Geld. In meiner Kasse herrscht totale Ebbe, aber ich habe einen Interessenten für eine meiner Skulpturen, die mit ...«

Wenn Gero anfängt, über seine Kunst zu sprechen, kann es dauern. »Schon okay«, unterbricht ihn Jonas. »Mir wird etwas einfallen.«

»Warte!« Gero stellt seine Tasse auf den äußersten Rand eines mit Papier überladenen Tischchens. »Ich habe zwar kein Geld, aber in der guten alten Lise sollte noch Benzin für rund hundert Kilometer sein. Reicht das?«

Jonas nickt. »Wenn deine Schrottlaube zwanzig Kilometer schafft, ohne auseinanderzufallen, können wir es wagen.«

Gero blinzelt ihm zu. »Auf ins Abenteuer. Kannst mir deine Geschichte unterwegs erzählen! Und weil du es bist, bekommst du meinen Rat kostenlos dazu. Falls er noch gefragt ist.«

Autofahren mit Gero ist tatsächlich ein Abenteuer. Er gerät öfters aus der Spur, wird zu langsam oder zu schnell, biegt ab, ohne zu blinken, und faustet jedem überholenden Wagen hinterher.

»Bist du sicher, dass du gleichzeitig zuhören und fahren kannst?«, fragt Jonas.

»Und wie!« Gero schlägt mit der Hand aufs Lenkrad und trifft dabei die Hupe. »Mach weiter. Hat dieser Assistent mit der Kamera wirklich lange Haare?«

Mit jedem Kilometer wird Geros Fahrweise aggressiver. »Wie können die nur!«, unterbricht er Jonas' Erzählung immer wieder. »Ich glaub's nicht! Jetzt weißt du, warum ich mir keine Glotze angeschafft habe. So was ist menschenunwürdig. Abscheulich. Grausam.«

Als er seine Schrottlaube endlich vor dem Fernsehstudio im Parkverbot abstellt, ist Gero reif für den Aufstand. »Du brauchst keinen Rat«, meint er. »Du brauchst einen Kampfgefährten!«

»Willst du nicht lieber draußen warten?«, fragt Jonas.

»Oh nein! Zeigen wir's ihnen.« Gero steigt aus und knallt die Wagentür zu.

Sosehr Jonas seinen Freund mag, sosehr wünscht er sich, er hätte das Geld für das Bahnticket gehabt. Er braucht die ganze Strecke bis zum Lift, um die richtigen Worte für Gero zu finden. »Das ist mein Problem«, sagt er und drückt auf den Knopf für das vierte Stockwerk. »Ich möchte es gerne selber lösen.«

Eine Antwort erhält er erst, nachdem ein nerviges *Ping* ihre Ankunft in der vierten Etage angekündigt hat. »Natürlich«, sagt Gero leicht pikiert.

»Ist gut, dich dabeizuhaben.«

»Natürlich«, wiederholt Gero, diesmal etwas versöhnlicher. »Ich glaube, wir müssen da lang.«

Die Dame am Empfang erkennt Jonas sofort.

»Jonas!« Sie rollt ihren Stuhl zurück, beugt sich nach hinten und spricht durch eine offene Tür mit jemandem, den Jonas nicht sehen kann. »Carola! Kannst du Biggi anrufen und ihr sagen, dass wir Jonas gefunden haben?«

»Haben Sie ihn denn verloren?«, fragt Gero und erntet dafür einen eisigen Blick.

»Ich glaube, du hast uns einiges zu erklären.« Die Frau kommt hinter dem Empfangstresen hervor. »Am besten tust du das gleich beim Chef.« Ohne ein weiteres Wort stöckelt sie den Flur entlang. Jonas nimmt an, dass er ihr folgen soll. Ihm auch recht. Er will sowieso zum Boss.

»Ich schau mich ein bisschen um«, sagt Gero. »War noch nie in so einem Studio. Viel Glück.«

Das kann Jonas brauchen. Er wischt sich die schweißnassen Hände an den Hosen trocken und geht der Frau hinterher. An der Tür, bei der sie stehen bleiben, hängt leicht schief ein Schild mit der Aufschrift *Caspar S. Alioth.*

Die Empfangsdame streicht sich durchs Haar und zupft den sehr kurzen Rock zurecht. Dann klopft sie an, setzt ein Frau-Meier-Lächeln auf und öffnet die Tür. »Jonas ist hier, Caspar«, sagt sie in einer sehr viel sanfteren Tonlage als jener, die sie für Jonas und Gero angeschlagen hat.

»Schick ihn rein!«

Mit rotem Kopf tritt die Frau zur Seite und lässt Jonas an sich vorbei.

Caspar S. Alioth heißt wie ein Chef, klingt wie ein Chef und sieht überhaupt nicht aus wie ein Chef. Seine kurzen blonden Haare stehen in alle Richtungen ab, er trägt ein offenes schwarzes Hemd über einem roten T-Shirt zu ausgewaschenen Jeans. Seine Füße, die er locker von sich streckt, stecken in grünen Converse-Turnschuhen.

»Setz dich.« Er deutet auf ein gelbes Sofa an der Wand und verlagert seine Beine auf den Schreibtisch. »Der Hühnerhaufen da draußen hat gesagt, du bist abgehauen.«

»Bin ich nicht.«

»Und wo warst du letzte Nacht?«

»Hab ich zu Hause geschlafen.« Trotzig schaut Jonas diesen Möchtegernjugendlichen an, der mindestens so alt ist wie sein Vater.

Alioth verschränkt die Arme im Nacken. »Du meinst in eurem zerstörten Haus.«

»Zu Hause«, wiederholt Jonas.

»Und warum nicht in der neuen Wohnung mit den sackteuren Möbeln?«

»Ich mag Ihre sackteuren Möbel nicht.«

Auf alles ist Jonas gefasst, aber nicht auf das schallende Gelächter, in das Alioth ausbricht. »Sag das mal bloß nicht laut in die Kamera. Der Sponsor bringt mich sonst um.« Er blinzelt Jonas verschwörerisch zu. »Kannst mich übrigens duzen. Bist schließlich unser Star.«

Ein Star wollte Jonas nie werden, auf den plumpen Verbrüderungstrick dieses Typen fällt er schon gar nicht rein. »Ihr Sponsor kann mir gestohlen bleiben«, erklärt er. »Genau wie Ihre Biggi.«

»Mmmm …« Alioth fährt sich mit der Hand durch seine Vogelnestfrisur. »Biggi ist ganz schön umtriebig. Kann manchmal echt zu viel werden. Aber sie hat Ideen. Und sie bringt uns Einschaltquoten.« Er legt den Zeigefinger über die Lippen, eine absolut lächerliche Denkerpose. Für einen Moment verharrt er so, dann springt er auf wie von einer Biene gestochen, holt aus der Ecke bei der Tür einen Karton voller Papiere und stellt ihn vor Jonas hin. »Mails, Dutzende von Mails und Briefen. Alle für dich und deine Familie.«

»Genau darüber möchte ich mit Ihnen sprechen«, sagt Jonas.

»Mit dir ...«

»Mit Ihnen.«

»Wie du willst. Worüber möchtest du mit mir sprechen?«

Jonas' Nerven flattern wie Fahnen im Sturmwind. Er presst die Hände zwischen die Knie, damit Alioth das Zittern nicht bemerkt. »Ich möchte, dass Sie aufhören mit der Sendung.«

»Bist 'n kleiner Scherzkeks, was?«

»Nein. Die Leute machen sich über meine Schwester und meine Mutter lustig.«

»Das bildest du dir ein«, unterbricht ihn Alioth. »Lies das Zeugs in der Schachtel. Wir könnten pinke Schwimmwesten herstellen lassen und damit eine Menge Kohle verdienen, weil alle so eine wollen. Haushaltsgeschäfte rufen uns an und fragen, welches Besteck deine Mutter sucht. Dein Vater bekommt jede Menge Tipps, wie er das mit der Versicherung doch noch hinkriegt, und du ...« Ein Grinsen zieht sich über das Gesicht des Fernsehchefs. »Für dich sind die Liebesbriefe. Jede Menge verdammter Liebesbriefe. Und das nach gerade mal zwei Ausstrahlungen!« Er lacht. »Mein lieber Junge, wir hören nicht auf. Wir fangen gerade erst an!«

»Nein!«, ruft Jonas.

»Oh doch. Wir hatten noch nie solche Einschaltquoten. Die Leute haben den Narren an euch gefressen. Dreimal pro Tag wiederholen wir die Sendung, und jedes Mal klingelt danach das Telefon und die Mailbox füllt sich.«

»Sie führen uns vor. Wie die Tiere im Zoo.«

Alioth stemmt die Hände in die Hüften. »Ach, komm schon! Jetzt tu mal nicht so. Dein Vater hat unser Geld noch so gerne genommen!«

Volltreffer. Schiff versenkt. Es gibt nichts, was man auf so einen Einwand antworten kann. Es bleibt nur noch das Flehen. »Bitte«, sagt Jonas. »Lassen Sie uns in Ruhe.«

»Tut mir leid, Junge.« Alioth haut ihm die Hand auf die Schulter. »Vertrag ist Vertrag. Die Werbekunden stehen Schlange, auf euch wartet das große Geld. Und mit etwas Glück kommt ihr ins nationale Fernsehen.«

Das Büro verschwimmt einen Moment vor Jonas' Augen. Als er wieder klar sieht, steht Alioth mit einem Glas vor ihm. »Immer schön locker bleiben.« Er hält Jonas das Getränk hin. »Ihr kommt schon noch auf den Geschmack. Letztendlich sind die meisten Leute fernsehgeil.«

Jonas greift nach dem Glas, kippt es langsam und schaut zu, wie die klebrige Flüssigkeit auf den Boden tropft. Dann steht er auf und geht zur Tür. »Wir werden nicht mitmachen«, sagt er.

»Was wetten wir?« Alioth zwinkert ihm zu. »Das Glas kannst du am Empfang abgeben. Und schick mir das Huhn mit dem Minirock vorbei. Zum Saubermachen.«

Sein Gelächter klingt hinter Jonas her und verfolgt ihn bis zum Empfang.

»Dein Freund ist im Schneideraum«, sagt die Frau im kurzen Rock und kräuselt etwas spöttisch die Lippen. »Mit Lars.«

Der Langhaarige mit der Kamera! Hoffentlich hat Gero nicht schon alles über sein Atelier und Jonas' Arbeit dort ausgeplaudert.

»Wo ...« Jonas räuspert sich. »Wo ist das?«

Die Frau zeigt mit dem Finger den Flur entlang, diesmal in die andere Richtung. »Dritte Tür. Aber klopf vorher an.«

Dazu hat Jonas keine Zeit. Er hätte sie sich nehmen sollen! Die beiden fahren auseinander. Geros Gesicht läuft knallrot an, Lars wendet sich ab.

»Wir gehen!«, ruft Jonas.

»Lars zeigt mir gerade, wie man einen Film schneidet.« Es klingt wie: *Mach mir das jetzt nicht kaputt.*

Kaputt ist schon genug. Aber Gero kann da nichts dafür. »Das kannst du dir natürlich nicht entgehen lassen.« Jonas ringt sich ein Grinsen ab. »Keine Sorge. Ich finde den Weg nach Hause allein.«

15

»Die Fahrkarten bitte.«

Jonas zuckt zusammen. Er hat keine Fahrkarte! Um aufzustehen und sich auf der Toilette zu verstecken, ist es viel zu spät. Und eigentlich ist es auch egal. Es ist sowieso ein beschissener Tag.

»Kann ich dein Ticket sehen?« Der Schaffner hat ein freundliches Gesicht.

»Ich hab keins«, sagt Jonas.

»Du hast keins«, wiederholt der Schaffner, als wolle er sichergehen, richtig gehört zu haben.

»Nein.«

»Einfach Nein?«

»Ja.«

»Ohne Ausrede?« Neugierig schaut ihn der Schaffner an.

»Ich nehme an, *Ich hab vergessen, dass ich kein Ticket habe*, zählt nicht.«

Der Schaffner lächelt. »Nicht wirklich.«

»Hab ich mir gedacht.«

»Ich könnte dir eins verkaufen«, bietet der nette Mann Jonas an.

»Tut mir leid, ich hab zu wenig Geld dabei.«

»Hmmm ...« Der Schaffner fährt sich mit der Hand übers Kinn. »Dann ...«

»Warten Sie!«, ruft eine vertraute Stimme. Kurz darauf schiebt sich Lili in Jonas' Blickfeld. Ohne ihn anzuschauen, nennt sie die Station, an der er aussteigen muss, und kauft eine Fahrkarte.

»Scheint dein Glückstag zu sein.« Der Schaffner blinzelt Jonas zu. »Eine schöne Reise noch.«

Glückstag! Von wegen. Jonas schließt die Augen. Vielleicht geht Lili dann wieder weg.

Geht sie nicht. Sie setzt sich neben ihn hin.

»Das Ticket setzt du dann wohl auf die Spesenrechnung von *TeleG1*«, sagt Jonas bitter. »Hast du die versteckte Kamera auch dabei?«

»Du bist so ein Idiot.«

»Wenn du meinst.«

Der Zug schaukelt. Ihre Beine berühren sich.

»Könntest du dein Selbstmitleid etwas herunterfahren und die Augen öffnen?«, fragt Lili.

»Ich warte, bis du weg bist.«

Sie steht auf und nimmt die Wärme mit, die sich für eine kurze Zeit neben Jonas niedergelassen hat. Ohne die Augen zu öffnen, setzt er die Kopfhörer auf und beschallt sich mit Black Sabbath. *Heaven and Hell*. Weil's grad so schön passt. Jemand pufft ihn in den Arm. »Du bist doch der aus dem Fernsehen. Das war aber ...«

Bevor ihm der ansonsten sicher sehr freundliche ältere Herr eine Standpauke halten kann, erhebt sich Jonas und verlässt den Waggon. Den Rest der Strecke fährt er im Gang. Einmal schaut er auf und sieht sein Spiegelbild im Fenster. »Idiot«, murmelt er.

Als der Zug anhält, öffnet Jonas die Tür. Er atmet die frische Luft ein, sieht den Bus auf der anderen Straßenseite und zögert.

»Mach schon«, murrt jemand hinter ihm.

Jonas steigt aus, geht ein paar Schritte und sieht Lili, die zielstrebig auf den Bus zusteuert. Er will nicht in diesen Bus steigen. Nicht in der Nähe von Lili sein. Nicht zu seiner Familie fahren. Er will alleine sein.

Der Asphalt unter ihm schwankt. Caspar S. Alioth klopft ihm auf die Schulter, ein netter Schaffner lächelt ihn an und sagt *Wird schon gut werden.* Der Mann riecht nach Lili, die ihm ein Ticket verkauft, auf dem *Nirgendwo* steht. Mama taucht am Horizont auf und schwimmt auf einem Stück Holz davon, immer weiter, bis nur noch ein rosa Punkt von ihr übrigbleibt.

In Jonas' Ohren rauscht es. Auch als er die Musik ausmacht, rauscht es weiter, einfach ein bisschen anders. Verwirrt schaut er sich um. Er hat keine Ahnung, wie er auf die Brücke am Ortsausgang gekommen ist, dorthin, wo die Straße in Richtung Bergtal abbiegt. Unter ihm fließt der Bach, der vor ein paar Tagen im Dorf gewütet hat. Er ist breiter hier, aber nicht ruhiger. Ganze Sommer lang hat Jonas das Gewässer mit Schlauchbooten befahren, jetzt ist er nicht mehr sicher, ob er auch diese Saison bei *Real-Life-Adventure* anheuern will. Sein Bedarf an Wildwasser ist gedeckt. Er muss sich einen neuen Ferienjob suchen. Und nach den Ferien ... Nein, daran denkt er lieber nicht.

Hinter ihm biegt der Bus auf die Brücke ein, jener Bus, der Lili ins Dorf hoch fährt, wo sie ihrer Mutter helfen kann, das Leben der Familie Regenass der Lächerlichkeit preiszugeben. Jonas könnte mitfahren. Er muss nur die Hand heben, und der Bus stoppt an der Haltestelle auf der anderen Seite der Brücke. Die Hand bleibt unten, umklammert das Geländer. Der Bus hält trotzdem. Und er fährt auch wieder ab. Ohne Jonas.

»Du wirst doch nicht etwa springen?« Es klingt nur halb nach einem Scherz.

Jonas starrt in die Tiefe. »Wenn du filmst oder mich auf Band aufnimmst ...« Sein angefangener Satz franst einfach aus.

»Sieh mich an!«

»Wozu?«

»Ich will mit dir reden.«

»Aber ich nicht mit dir.«

Lili stellt sich etwas von ihm entfernt ans Geländer und schaut nach unten. »Ich mache heute Nachmittag blau.« Sie beugt sich vor und spuckt ins Wasser. »Hast du gesehen? Ich hätte beinahe einen Fisch getroffen. Mann, stell dir das mal vor. *Forelle von Spucke erschlagen.* Das gäbe doch eine Schlagzeile.«

»Darin bist du gut, was?«, fragt Jonas.

»Worin? Im Spucken? Weiß nicht.«

Wütend knallt Jonas die Hand gegen das Geländer. Im Schlagzeilenerfinden, im Lockernehmen, will er sagen, doch um ihn herum verschwimmt schon wieder alles. Nur sieht Jonas diesmal keine Leute, die nicht da sind, sondern vier Bergseeaugen. Und die Arme, die ihn festhalten, gehören nicht einem Schaffner, der wie jemand anderes riecht, sondern einer doppelten Lili.

»Wann hast du zuletzt was gegessen und getrunken?«

Jonas blinzelt. Gegessen? Keine Ahnung. Die Wurst gestern Abend hat er stehen lassen. Und davor? Frühstück im Schutzraum? Jonas versucht, den Speiseplan der letzten beiden Tage zu rekonstruieren, aber entweder besteht dieser Plan nur aus Löchern, oder Jonas hat wirklich beinahe nichts zu sich genommen. Während sein Hirn Erinnerungsfetzen zusammenkratzt, nimmt ihn Lili bei der Hand und schleppt ihn ans Bachufer, in den kühlen Schatten eines Baumes.

Jonas lässt sich ins Gras sinken und schaut zu, wie Lili aus ihrer Schultasche Esswaren zieht wie ein Zauberer die Kaninchen aus einem Hut. Ein Sandwich. Zwei Schokoriegel. Eine Flasche Fruchtsaft.

Sein Magen knurrt so laut, dass er ein bisschen wie ein bellender Hund klingt.

Lili lacht. »Hab ich's doch gewusst!«

Sie scheint immer alles zu wissen. Vielleicht ist sie gar nicht real, sondern eine von Balthasars Außerirdischen, gut getarnt als menschliche Teenagergöre. Das würde die intensive Augenfarbe erklären.

»Das Sandwich teilen wir«, dringt Lilis Stimme zu Jonas durch.

Er nickt. Immerhin sieht das Essen sehr irdisch aus.

Ein halbes Sandwich und einen Schokoriegel später ist nur noch eine Lili da.

»Du machst also heute Nachmittag blau«, sagt Jonas. »Und deshalb warst du in derselben Bahn, im gleichen Waggon wie ich? Ich hab dich nicht einsteigen sehen.«

Sie zuckt mit den Schultern. »Ich war knapp dran. Bin im letzten Moment zugestiegen.«

»Nachdem dich der Alioth von *TeleG1* angerufen hat.«

Lili reißt einen Grashalm aus. »Du kennst Bubi?« Sie steckt den Halm in den Mund und kaut darauf herum.

»Bubi?«

»Der Chef von Mam. Ein Idiot. Starrt mir immer auf den Busen, wenn ich sie im Studio besuche.«

Jonas ertappt sich dabei, wie von einem Magneten angezogen genau dorthin zu schauen, wo Bubi hinschaut.

»Stöckelschuhe«, sagt er schnell.

»Was ist damit?«

»Nun ja, die ... die Frau am Empfang ... und deine Mutter ... sie ... beide ...«

»Tragen Stöckelschuhe«, beendet Lili den zerfledderten Satz und tut dabei so, als hätte sie seinen roten Kopf nicht bemerkt. »Zickenkrieg. Konkurrenzkampf. Keine Ahnung, warum Mam bei so was mitmacht.«

»Sogar beim Einsatz in einem überschwemmten Dorf?«
Erleichtert stellt Jonas fest, dass er seine Sprache wiedergefunden hat.

»Das ist Bubis Schuld. Er liebt das Spontane. Am Morgen fahren seine VJs im Studio ein, und dann geht es ans Zuteilen der Arbeit. Da kriegst du entweder die Pressekonferenz im Fünfsternehotel oder die Überschwemmung im hintersten Kaff des Kantons. Egal, was du bekommst, abends um halb sechs muss dein Beitrag fertig sein.«

»VJs?«

»Videojournalisten. Sie machen die ganze Arbeit: filmen, schreiben, sprechen, schneiden und vertonen.«

»Und Lars?«, fragt Jonas.

»Der gehört zu einer Produktionsfirma, mit der *TeleG1* zusammenarbeitet. Mam hat mit der Überschwemmung den Jackpot gezogen. Die Leute wollen euch sehen. Sie Schicken tonnenweise ...«

»Briefe und Mails.«

»Ja, und deshalb steckt der Sender Geld rein. Mam ist so was wie die Chefin einer ganzen Crew geworden. Sie sagt, wie sie sich den Beitrag vorstellt, und das Team erledigt das für sie. Das gibt ihr mehr Zeit mit deiner Familie.« Sie zupft einen neuen Grashalm aus und wickelt ihn um den Mittelfinger, beinahe so, wie Emma ihr Haar um die Finger wickelt. Jonas fragt sich, ob Lili das absichtlich macht. So ein bisschen Kleinmädchenspielerei, um ihn einzulullen.

»Und welche Rolle spielst du in dem Theater?«, fragt er.

Der Grashalm reißt. Lili zupft sich einen neuen. »Ich bin hier, um die Sache in Ordnung zu bringen, bevor sie aus dem Ruder läuft. Wann fährt der nächste Bus?«

Macht sie das absichtlich? Ihn vom Thema ablenken und damit keine Chance auf ein Nachfragen geben?

»In gut zwei Stunden.«

»Machst du Witze?«

»Das könnte ich dich auch fragen«, entgegnet Jonas. »Erstens ist die Sache bereits massiv aus dem Ruder gelaufen, nicht zuletzt dank deiner Mithilfe, und zweitens fährt bis um vier wirklich kein Bus.«

Lili geht locker über seinen Vorwurf hinweg. »Dann laufen wir.« Sie packt ihre Schultasche und spurtet los.

Jonas schaut ihr hinterher. »Das sind ungefähr acht Kilometer.«

Sie dreht sich zu ihm um. »Na und? Dann haben wir genügend Zeit!«

Jonas fragt nicht, wozu sie *genügend Zeit* haben. Lili wird es ihm bestimmt gleich sagen, und er wird es bestimmt nicht hören wollen. Und tatsächlich, da geht es schon los: »Wir überlegen uns, wie wir aus dieser Sache rauskommen.«

Die Absicht wäre nicht schlecht. Wenn sie nicht von Lili käme. Von der Lili, die ihn mit den Möbeln ausgetrickst hat. Von der Lili, die ganz zufällig in derselben Bahn saß wie er. Jonas bleibt, wo er ist.

»Komm schon!« Lili winkt ihn ungeduldig zu sich. »Ich habe da ein paar Ideen.«

»Zum Beispiel?«, will er wissen.

»Überleg doch mal, wo alle Geschichten aufhören.« Sie stemmt die Hände in die Seiten und schaut ihn an.

»Am Ende.«

»Genau. Das brauchen wir. Ein Ende. Am besten ein Happy End, denn danach wird's für alle total langweilig. Friede-Freude-Eierkuchen. Glaub mir, das will sich kein Mensch reinziehen.«

»Mag ja sein, aber da gibt's noch ein größeres Problem. »Wir sind erst am Anfang«, klärt Jonas Lili auf. »Meint zumindest dein Bubi.«

»Eigentlich hätte die neue Wohnung das Ende sein sollen.« Sie tippt mit dem Zeigefinger gegen die Stirn. »Kapierst du es jetzt? Glückliche Menschen in einem kuscheligen Zuhause sind langweilig.«

»Du glaubst also, ich habe dir das Happy End versaut?«, fragt Jonas.

Lili antwortet nicht. Jonas fühlt sich plötzlich schuldig, obwohl er genau weiß, dass Bubi andere Pläne hat. Das macht ihn wütend. »Und was sollte das im Zug?«

»Das war nicht geplant«, antwortet sie. »Kommst du jetzt endlich?«

Nach etwas mehr als der Hälfte der Strecke braust viel zu schnell ein Offroader an ihnen vorbei, gerät ins Schlingern und erwischt nur knapp die nächste Kurve.

»Vollpfosten«, murmelt Jonas.

»Lars«, präzisiert Lili. »Warum fährt er erst jetzt zu Mam hoch? Und warum hat er nicht angehalten? Er kann uns unmöglich übersehen haben!«

Jonas hat da so eine Ahnung, behält die aber für sich.

»Es wäre weniger weit, wenn er uns mitgenommen hätte«, grummelt Lili.

Das ist eine wacklige Theorie, findet Jonas, so wie Lilis Theorien generell etwas wacklig sind. Zum Beispiel jene über das Hochzeitssilber. Lili meint, Mama wäre wieder glücklich, sobald das Besteck komplett ist, weil dann alles so wäre wie früher, als sie und Papa noch verliebt waren. Deshalb will sie genau das gleiche Silberbesteck auftreiben, es in einer Nacht- und Nebelaktion verstecken und dann einen Aufruf starten, danach zu suchen. »Wenn wir es geschickt anstellen, wird alles gefunden und deiner Mutter geht es wieder gut«, sagt sie. »Ein Happy End vom Feinsten.«

Jonas hat da seine Zweifel. Mal abgesehen von Bubis Plänen: Vater bleibt Vater, selbst wenn das ganze Silber wieder auftaucht.

Aber auch für Vater hat Lili einen Happy-End-Plan, einen noch verrückteren als für Mama. Ihr schwebt so eine Art Jobsuche via Fernseher vor. Irgendjemand muss doch Verwendung haben für einen wie Karl Regenass. »Natürlich nicht als Bodyguard oder Polizist oder Raumforscher, sondern etwas so Langweiliges wie Buchhalter in einer Baufirma. Die Zuschauer sollen glücklich sein, dass er eine Anstellung und ein Einkommen hat, aber es darf nichts sein, das interessant genug wäre, um darüber im Fernsehen zu berichten.« Lili grinst. »Nachtwächter ginge auch noch knapp.«

»Du vergisst was«, verdirbt ihr Jonas die schöne Theorie. »Vater kann für niemanden arbeiten. Er weiß immer alles besser und ist noch mit jedem Chef aneinandergeraten. Deshalb hat er sich ja selbstständig gemacht mit dieser Versicherungsberatung.«

Lili wischt seine Einwände einfach weg. »Irgendwas findet sich schon«, behauptet sie zuversichtlich und spinnt munter Ideenfäden für das perfekte Happy End weiter. Nur zu Danuser fällt ihr nichts ein. Das mit der Arche, die Emma für ihn bauen will, dauert zu lange. Auch die aberwitzige Sondermüllgeschichte taugt nicht für ein schnelles Happy End. Und schon gar nicht für einen endgültigen Schlussstrich. So einen brauchen sie aber, um die Doku-Soap zu kippen.

»Und ich?«, fragt Jonas. »Welches Ende hast du dir für mich ausgedacht?«

Lili bleibt stehen. »Schließ die Augen!«, befiehlt sie.

Jonas gehorcht. Eine Hand schlingt sich sanft um seinen Nacken, warme Lippen legen sich auf seinen Mund. Der

Kuss ist besser als all die Millionen Küsse, die sich Jonas vorgestellt hat, seit er Lili kennt.

»Etwa so«, flüstert sie in sein Ohr. »Ginge das für dich in Ordnung?«

»Und wie!«, flüstert er zurück.

Plötzlich ist es richtig gut, dass sie zu Fuß gehen müssen. Er und Lili. Nebeneinander. Jonas bedauert es beinahe ein wenig, als sie oben bei der Sägerei stehen und auf das Dorf hinunterschauen.

Die Baumaschinen haben ganze Arbeit geleistet. Auch jene Häuser, die gestern noch im Geröll standen, sind jetzt frei geräumt. Sie ragen verloren aus platt gewalzten Flächen. Es gibt keine Gärten mehr, kein Gras, keine Blumen, keine Bäume, kein Leben.

Beinahe erkennt Jonas sein Zuhause nicht wieder. Es hat seine Seele verloren. Noch schlimmer hat es Danuser erwischt. Auf seinem Grund und Boden steht gar nichts mehr. Die umgekippte Scheune ist weg. Nur ein Stapel Holzbretter und ein Haufen Dachziegel erinnert noch an sie. Für so was gibt's kein Happy End. Da kann sich Lili ihren Kopf zerbrechen, solange sie will.

In ihren Augen stehen Tränen. »Ich werde mir was einfallen lassen.« Sie blinzelt. »Eine Spendenaktion oder so.«

Das alles hier könnte Lili egal sein. Es ist nicht an ihr, die Dinge in Ordnung zu bringen mit Ideen, von denen eine absurder ist als die andere. Sie ist nicht schuld daran, dass es so gekommen ist; sie ist nicht einmal schuld an dieser blöden Fernsehgeschichte.

»Du kannst nicht alles in Ordnung bringen«, sagt Jonas.

»Weiß ich doch.« Sie hebt einen Stein hoch und wirft ihn gegen einen Container. »Frag mich, warum ich es trotzdem versuche.«

»Warum versuchst du es trotzdem?«

Lili hebt einen weiteren Stein hoch. Diesmal setzt sie ihn nicht als Wurfgeschoss ein, sondern spielt nervös damit.

»Mam hat mich am Sonntagmorgen vom Studio aus angerufen«, verrät sie Jonas. »Sie hat was von einer letzten Chance gefaselt und dass sie die unbedingt packen muss. Ich wusste, dass Bubi sie auf der Abschussliste hat, weil sie als Einzige ab und zu den Mund aufmacht, um ihm zu widersprechen. Das kann er auf den Tod nicht leiden. Nun ja, ich bin mitgegangen, nicht nur hier hoch, sondern danach auch ins Studio. Ich habe Mam geholfen, den Beitrag zu schneiden. Wir ...« Sie stockt, lässt den Stein fallen und wischt sich die Hände an den Hosen sauber. »Ihr wart Mams Rettung. Zu gut, um wahr zu sein. Der alte Mann auf dem Dach. Der irre Balthasar. Emmas Schwimmweste und ... und das Hochzeitssilber deiner Mutter. Es war alles so richtig schön schräg. Und mittendrin warst du, der verletzte Held, mit diesem verwunderten Blick und dem Pullover mit dem Schweizer Kreuz. Durch Zufall kamen wir an die dramatischen Handyaufnahmen von Danuser. Wir hatten den Stoff, aus dem gute Storys gemacht sind, und genau das haben wir daraus gemacht: eine verdammt gute Story. Die Zuschauer haben den Sender mit Anrufen und Mails überschwemmt. Sie wollten mehr. Bubi war begeistert. Er gab Mam grünes Licht.«

Jonas will nicht glauben will, was Lili ihm gerade erzählt hat. Rund um ihn herum ist alles kaputt. In ihm drin auch. Lili ist genauso schuld wie ihre Mutter! Er wendet sich ab, bevor sie die Tränen in seinen Augen sehen kann.

»Jonas!«

»Das ist zum Kotzen«, bricht es aus ihm heraus. »Du kannst Bubi nicht ausstehen, aber du kannst problemlos mit ihm mithalten, wenn es um fiese Methoden geht. War das mit dem Ku...« Jonas presst die Lippen zusammen, bis er sich wieder unter Kontrolle hat. »War das vorhin auch nur ein Trick?«

»Nein!« Lili streckt ihre Hand nach ihm aus.

Er weicht zurück.

»Eigentlich sollte es einfach ein genial guter Filmbeitrag werden, doch dann ist alles außer Kontrolle geraten. Ich wollte die ganze Sache doch nur ...«

»In Ordnung bringen«, beendet Jonas spöttisch den Satz für sie, den er mittlerweile auswendig kennt. Die ständige Wiederholung macht ihn nicht besser. Ihm ist schlecht. Diesmal nicht, weil er zu wenig gegessen hat. »Verpiss dich. Hau ab zu deiner Mam und hüpf eine Runde auf dem Sprungbrett mit ihr.«

Er lässt Lili stehen und stapft mit gesenktem Kopf davon. Runter zu der leeren Stelle, wo einmal Danusers Haus und Stall gestanden haben.

16

Danuser ist nicht da. Auch die Sitzbank, die er zusammen mit Emma gebaut hat, ist weg. Jonas stöpselt sich die Kopfhörer in die Ohren und beginnt aus Abfallbrettern und Steinen eine neue Bank zu bauen. Dann zerkleinert er das nutzlos gewordene Material zu Brennholz. Mit bloßen Händen und seinen Füßen. Bis beides schmerzt. Aufhören will er nicht, denn wenn er aufhört, muss er über Lili nachdenken, und das tut weh. Viel mehr als die aufgerissene Haut an seinen Händen.

Er hört Danuser nicht kommen. Erst als ihm dieser mit seinem knochigen Zeigefinger auf die Schulter klopft, fährt Jonas herum. Danuser bewegt die Lippen, doch Jonas hat die Musik so laut aufgedreht, dass er nichts hören kann. Er stiert den alten Mann an, der so fröhlich aussieht wie selten zuvor. Was zum ...

Ungeduldig reißt ihm Danuser die Kopfhörer aus den Ohren. »Hörst wohl wieder mal deine Starkstrommusik«, meckert er. »Und siehst aus, als wäre dir eines von Balthasars UFOs direkt auf den Kopf gefallen.«

»Na, dafür scheinst du ja die Party deines Lebens zu feiern«, giftet ihn Jonas an.

Danuser hält Jonas eine Zigarette hin. »Was ist dir denn über die Leber gelaufen?«

Wortlos zerbröselt Jonas die Kippe zwischen den Fingern.

»Es ist eine Frau«, rät Danuser.

»Halt die Klappe!«

»Ich sag's ja. Eine Frau. Es sind immer die Frauen. Deshalb habe ich nie geheiratet.«

»Hast dir trotzdem einen Dachschaden zugezogen!«, schleudert Jonas dem alten Mann ins Gesicht.

Danuser meckert wieder los. »Du bist aber ganz gewaltig in Fahrt.«

»Ja, bin ich. Verdammt. Mal abgesehen von der ganzen Scheiße, in der ich stecke, mache ich mir Sorgen um dich. Aber dir scheint es ja blendend zu gehen.«

Danuser hält ihm eine neue Zigarette hin. »Blendend ist etwas übertrieben.« Er deutet auf die Öde, auf der einst sein Haus und sein Stall standen. »Alles weg. Das Gute daran ist, dass es nun wirklich nicht mehr schlimmer kommen kann.«

Diesmal klemmt Jonas die Kippe zwischen die Lippen. »Bist du neuerdings unter die Optimisten gegangen?«

»Die Fatalisten«, erwidert Danuser. »Oder Realisten. Was immer dir lieber ist. Und jetzt halt dich fest.«

»Woran?«

Danuser findet das zum Brüllen lustig. Als er sich wieder erholt hat, meint er: »Dann setz dich halt. Wie ich sehe, hast du die Bank wieder aufgebaut.«

Jonas tut dem alten Mann den Gefallen.

»Ich hatte die ganze Zeit recht!«, ruft Danuser. »Die sind heute beim Umbaggern meines Grundstücks auf den Sondermüll gestoßen.«

Jetzt ist er ganz hinüber, der alte Sepp. Jonas weiß vor lauter Mitleid nicht, wo er hinschauen soll.

»Musst nicht so komisch gucken«, sagt Danuser. »Sogar Grundinger hat mir geistige Gesundheit bescheinigt.«

»Hat er?«, krächzt Jonas.

»Ja, er hat. Willst du denn gar nicht wissen, was die Bauarbeiter gefunden haben?«

»Sondermüll?« Die Stimme kratzt immer noch.

»UFOs! Mini-UFOs aus Metall!«, ruft Danuser.

Jonas steht auf. »Verarschen kann ich mich selbst.«

»Nein, warte. Da waren auch Kassettengeräte in Blechdosen. Und Batterien. Jede Menge leerer Batterien.«

»Hast du die verbuddelt?«

»UFOs!« Danuser haut ihm die Faust so stark gegen die Schulter, dass Jonas beinahe von der Bank kippt. »UFOs!!«

»Balthasar?«, fragt Jonas.

Danuser nickt.

»Aber warum? Und warum bei dir?«

»Das wollte Grundinger auch wissen. Wir haben den Spinner besucht, und er hat nichts abgestritten. Er war entsetzt, dass wir den Schrott gefunden haben. Meinte, dass nun seine Geräte keine Wellen mehr aussenden. Gerade jetzt, wo die Außerirdischen uns finden sollen.«

Für Jonas klingt das alles ziemlich irr. »Er hat doch selber ein Haus. Und außerdem den ganzen Wald, in dem seine Anhänger jetzt herumtrampeln.«

Ungeduldig wedelt Danuser die Einwände mit der Hand weg. »Eigentlich ist es logisch. Die Behörden hatten seit Jahren ein Auge auf ihn geworfen. Er musste damit rechnen, dass sie bei ihm suchen würden. Und so hat er vor langer Zeit begonnen, sein Gerümpel an einem Ort zu verstecken, an dem es niemand vermutet.« Danuser meckert leise in sich hinein. »Wer weiß, wo er das Zeug sonst noch vergraben hat. Stell dir mal den Schrecken vor, den er gekriegt hat, als ich anfing, mein Grundstück mit dem Pressluftbohrer zu bearbeiten!«

Jonas starrt Danuser ungläubig an. »Aber ... wann hat er dir das Zeug denn untergejubelt?«

»Früher, als mein Bruder und ich noch nicht verkracht waren, habe ich ihn manchmal besucht. Immer, wenn ich weg war, hat Balthasar nach meinem Kleinvieh geschaut und es gefüttert.«

Jonas erinnert sich schwach an Wochenenden, an denen der stets schlecht gelaunte Nachbar am Samstag in aller Früh wegfuhr und erst am Sonntag spät wieder angerattert kam. Wie sehr hatte seine Familie diese ruhigen, streitfreien Phasen genossen! Und Balthasar konnte man immer für einen Spaß gewinnen, früher, bevor er sich in der Vorstellung von erlösenden Boten verloren hatte.

»Warum hast du nie was gefunden?«, fragt Jonas.

»Weil ich am falschen Ort gesucht habe.« Es klingt zerknirscht.

»Und jetzt?«

»Was, und jetzt?«, gibt Danuser zurück. »Jetzt baue ich eine Arche.« Seine Augen blitzen. »Und für dich habe ich auch was.« Er greift in die Hosentasche, aus der er schon die Zigarette gezogen hat. »Hier. Die sind beim Aufräumen eures Grundstücks zum Vorschein gekommen.« Er hält Jonas zwei Löffel, ein Messer und eine Gabel hin. »Wollen wir ein Feuer machen und feiern?«

Der Anblick des Hochzeitssilbers reißt ein Loch in Jonas' Gefühlsabwehrschirm. Das Chaos bricht durch und rollt über ihn hinweg. Mit zitternden Fingern nimmt er die Zigarette aus dem Mund und beugt sich vor, bis sein Kopf auf den Knien liegt.

»Und ich wollte dir eine Freude machen!« Danuser setzt sich neben ihn hin. »Scheint mir nicht ganz gelungen zu sein. Geht's um den Umschlag?«

»Welchen Umschlag?« Verwirrt hebt Jonas den Kopf.

»Na, den von gestern Abend. Den, den du anzünden wolltest. Den, nach dem dieser langhaarige Kauz gefragt hat.«

Lars! Jonas springt hoch. »Wieso weiß er von dem Brief?«

»Hat er nicht gesagt«, murrt Danuser. »Ich habe ihn auch nicht gefragt, sondern zum Teufel geschickt.«

Er *ist* der Teufel, denkt Jonas, dem gerade klar geworden ist, weshalb Lars nicht angehalten hat. »Komm!«, ruft er. »Wir gehen.«

»Kein Feuer?«, fragt Danuser.

»Nur, wenn du welches spucken kannst.«

»Kann ich. Was hast du vor?«

»Fernsehen!«

17

Vor dem Karnickelbau bleibt Danuser stehen. »Da setze ich keinen Fuß mehr rein«, protestiert er.

»Musst nicht mitkommen, wenn du nicht willst.« Ohne auf Danuser zu warten, eilt Jonas weiter. »Ich kann auch allein hier rein.«

»Fernsehen?«, keucht Danuser hinter ihm.

»Genau.«

»Das kannst du auch im Hirschen.«

Jonas stößt schwungvoll die Tür auf. »Will ich aber nicht.«

»Weil du lieber mit deiner Familie ...«

»Lass meine Familie aus dem Spiel«, fällt ihm Jonas ins Wort.

»Himmel, hast du schlechte Laune!«, brummt Danuser. »Du brauchst keinen, der für dich Feuer spuckt, das kannst du problemlos selber.«

Wortlos hetzt Jonas die Treppe hoch, reißt die Tür auf und stürmt ins Wohnzimmer, wo seine Familie auf dem sackteuren Sofa sitzt, als habe es ihnen schon immer gehört.

»Bleibt, wo ihr seid!«, brüllt Lars. »Gleich beginnt die Sendung. Ich will eure Reaktionen darauf filmen.«

Sein autoritäres Auftreten beeindruckt nur Vater. Emma rennt auf Jonas zu und klammert sich an ihn. Auch Mama erhebt sich, schaut etwas verloren um sich und setzt sich wieder. Vater richtet seinen Blick stur auf den riesigen Bildschirm und tut, als ginge ihn Jonas nichts an.

Jonas sieht sich um. Zu seiner großen Erleichterung kann er Lili nirgends entdecken.

»Jonas«, flötet Biggi. »Woher kommst du denn?«

Er schnaubt verächtlich. »Das weißt du ganz genau!«

»Ruhe!«, brüllt Vater. »Ich will das sehen.« Er richtet den Zeigefinger auf Jonas. »Und danach sprechen wir uns. Darauf kannst du wetten.«

Damit ist Vater ist wohl raus aus der Auf-die-Hände-starren-Phase.

»Genau das wollen Sepp und ich auch«, sagt Jonas. »Ich meine fernsehen. Nicht reden.«

»Bitte.« Biggi lächelt säuerlich. »Setzt euch doch.«

»Wir stehen lieber«, antwortet Danuser, der nach der ganzen Rennerei immer noch etwas schwer atmet.

»Wie ihr wollt.« Biggi klingt ziemlich gestresst.

Ihr Problem, denkt Jonas. Warum soll es den Nerven dieser Sprungbrettfrau besser gehen als seinen?

»Wir sitzen.« Ungerührt zieht er einen der teuren Sessel über den nagelneuen Holzboden und bedeutet Danuser, darauf Platz zu nehmen. Für ihn gibt's den zweiten teuren Sessel und einen gehässigen Blick von Lars.

Kaum haben sie Platz genommen, erklingt das Signet des neuen Einschaltquotenhits von *TeleG1*.

Der Beitrag beginnt mit einem fröhlichen Biggi-Gesicht. Ihr roter Lippenstiftmund plappert etwas von Überraschung und Möbeln. Dabei wird der Name des Geschäfts, welches diese wunderbare Bescherung möglich gemacht hat, mindestens dreimal erwähnt. So genau zählt Jonas nicht mit, denn nun füllt nicht mehr Biggis Mund den Bildschirm, sondern das Gesicht seiner Mutter, auf dem ein leicht angespanntes, aber auch glückliches Lächeln liegt, gefolgt von Emmas leuchtenden Augen. Diese Bilder lügen nicht! Mama und Emma gefällt es hier!

Betroffen senkt Jonas den Blick. Er scheint er Einzige zu sein, der einfach nicht in diese Idylle passen will. Dazu liefert der Filmbeitrag auch gleich den Beweis: Jonas' Stimme hallt wütend und verzerrt durch das Wohnzimmer. Gleich danach hört er eine Tür knallen.

Jonas zwingt sich, auf den Bildschirm zu schauen. Grobkörnig und leicht verwackelt flimmern Aufnahmen von einem Feuer über die Mattscheibe. Eine der beiden Gestalten hält einen Briefumschlag über die Glut, und eine an Dramatik nicht zu überbietende Stimme fragt: »Was versteckt Jonas vor seiner Familie? Welches Geheimnis soll hier für immer den alles verschlingenden Flammen geopfert werden? Bleiben Sie dran! Nach einer kurzen Werbeunterbrechung verraten wir Ihnen, was die Familie des verzweifelten Jonas' nicht erfahren sollte.«

Noch bevor der Sprecher seinen Satz beendet hat, schnellt Jonas hoch. Mit einem lauten Schrei stürzt er sich auf Lars, reißt ihn und die Kamera zu Boden und schlägt blindlings auf ihn ein. Er hört ein ekliges Knirschen, als seine Faust auf Lars' Nase trifft, fühlt, wie er hochgehoben und geschüttelt wird, durch die Luft fliegt und so heftig auf dem Boden aufprallt, dass es kurz dunkel wird.

»Was soll das, Karl?«, brüllt Danuser Vater an. »Bist du krank im Kopf? Wieso gehst du auf deinen Sohn los?«

Lars greift sich an seine blutige Nase. »Wenn hier einer krank ist, dann Jonas. Er hat mich angegriffen.«

»Ruhe!« Vater ist wie immer der Lauteste von allen. »Es geht gleich weiter. Ich will das verflucht noch mal sehen!«

»Mama«, wimmert Emma.

Jonas rappelt sich hoch, nur um sofort wieder auf den Sessel zu sinken. Da ist zu viel Pudding in seinen Beinen; er wird es nicht bis zur Tür schaffen. So bleibt er sitzen wie ein Angeklagter, der auf die Verkündung des Urteils wartet. Emma klettert zu ihm auf den Sessel und kuschelt sich an ihn. Jonas fühlt, wie sie zittert, und legt seinen Arm um sie. »Ist schon gut«, murmelt er. Dabei war noch nie etwas so wenig gut wie jetzt.

Niemand stellt den Fernseher ab. Das Programm geht weiter, die grässliche Erkennungsmelodie bohrt sich in Jonas' pochenden Kopf. Dann wiederholt der Sprecher die Frage nach dem Inhalt des Umschlags und erklärt, die Auflösung folge am Ende der Sendung.

»Wir reden nachher«, wiederholt der Vater seine Drohung von vorhin, ohne den Blick vom Bildschirm zu nehmen, auf dem er in Großaufnahme eingeblendet wird. Ein doppelter Vater! Jonas ist nicht sicher, ob er das aushält. Er schielt zu Lars hinüber, der immer noch die eine Hand gegen seine Nase drückt und mit der anderen die Bestandteile seiner Kamera zusammensucht.

»... ein guter Junge«, klingt Vaters Stimme aus den Lautsprechern. »Er ist nur ein wenig durcheinander wegen alldem, was passiert ist.«

Es dauert einen Moment, bis Jonas begreift, dass Vater von ihm spricht. Ein guter Junge? Seit wann das denn?

»Und wie geht es jetzt mit deiner Versicherungsagentur weiter, Karl?«, fragt Biggi.

Vater nuschelt irgendwas von Aufräumen, Schaden ermitteln und dann weitermachen, worauf Biggi vom Bildschirm direkt in die Wohnstube blickt, als wolle sie jeden einzelnen Zuschauer persönlich ansprechen. »Ich bin überzeugt, dass du zu deinen bestehenden Kunden neue dazugewinnen kannst, Karl«, sagt sie. »Vielleicht braucht ja der eine oder andere Zuschauer eine Versicherung.«

Vater versucht sich an einer zuversichtlichen Miene, was ihn wie einen Politiker aussehen lässt, der seinen eigenen Worten nicht so richtig traut.

Aus Danusers Sessel klingt ein verdächtiges Meckern. Der Alte hat mehr Humor als Jonas, dem sich beinahe der Magen umdreht angesichts der Show, die sein Vater hier abzieht. Trotzdem klebt sein Blick am Bildschirm, auf dem sich über Biggis fröhliches Gesicht jenes von Mama blendet, die in ihrer neuen Küche das Essen zubereitet. Diese Frau, die mit sichtbarer Freude Gemüse schnibbelt, erinnert Jonas an die Mutter aus seiner Kindheit. In ihm wird es warm, doch schon geht es weiter. Die Kamera schwenkt zum Hochzeitssilber, das nun nicht mehr ausgebreitet auf einer alten Kommode liegt, sondern auf einem dieser neumodischen Dinger, die man Sideboards nennt, obwohl es im Grunde genommen immer noch Kommoden sind. Jonas fällt das Besteck ein, das ihm Danuser gegeben hat. Es liegt vergessen auf der Bank, die ihm als Einziges von seinem Haus und seinem Stall geblieben ist.

»Unser Aufruf gestern in der Sendung war ein Erfolg«, klingt Biggi aus dem Off. »Gleich sechs aufmerksame Zuschauer haben in den Geröllmassen weiteres Besteck gefunden. Wie viel fehlt denn noch, Erika?«

Die Kamera zoomt an Mamas Gesicht. »Nicht mehr ganz die Hälfte.« Sie lächelt scheu. »Ich bedanke mich fürs Suchen, aber ...« Sie stockt und richtet ihren Blick auf jemanden, den der Zuschauer nicht sieht. »Aber es ist nicht mehr so wichtig.«

Jonas starrt auf den Bildschirm. So wenig er begriffen hat, warum Mama das Hochzeitssilber sucht, so wenig kapiert er, warum es plötzlich nicht mehr von Bedeutung ist. Nur die Biggi im Fernsehen nickt, als verstünde sie es. Ausgerechnet sie, die nur eins will: auf diesem Sprungbrett abheben und Karriere machen.

»Jetzt komme ich«, flüstert Emma. »Siehst du?« Sie greift nach seiner Hand und hält sie fest, während Jonas zusieht, wie Lili locker mit Emma plaudert, sie dazu bringt, ihr die Zeichnung mit Danusers Arche zu zeigen und dann die Schwimmweste auszuziehen. »Die ist auch für Sepp«, sagt Emma. »Weißt du, auf einer Arche braucht man so eine.«

Wieder klingen Geräusche aus Danusers Sessel. Diesmal ist es ein lautes Schnäuzen. »Das hast du schön gesagt, Emma«, krächzt er.

Jonas' Herz macht einen kleinen Hüpfer. Lili hat wirklich alles getan für ein Happy End. Nur er, Jonas, packt es nicht. Statt zu sehen, wie sehr Lili versucht, die Geschichte zu einem guten Ende zu bringen, ist er eingeschnappt wie ein kleiner Junge. Das hast du ja prima hinbekommen, du Vollidiot, schilt er sich in Gedanken. Und gleich wird es noch schlimmer kommen, wenn entweder Biggi oder die Stimme des Sprechers verkündet, was im Umschlag verborgen ist, den Jonas übers Feuer gehalten hat. Er will aufstehen, dem Augenblick der Wahrheit entfliehen, aber Vater hält ihn zurück. »Du bleibst hier«, zischt er.

Doch Vaters Geduld wird vorerst auf die Probe gestellt. Es folgt nämlich noch eine Werbepause. Die nutzt Vater, um Jonas eine kleine Standpauke zu halten. Es geht im Großen und Ganzen darum, dass Jonas alles kaputtmacht, wenn er sich weiterhin so kindisch verhält, und wehe, in dem Umschlag ist etwas, das den Ruf der Familie schädigt. An dieser Stelle beginnt Jonas zu lachen. Vaters Finger bohren sich tief und schmerzhaft in seinen Arm.

»Das ist nicht lustig!« Vaters Gesicht kommt dem von Jonas so nahe, dass es verschwimmt. »Du könntest uns Geld bringen, viel Geld. Aber nur, wenn du spurst.«

Offensichtlich ist Vater wieder ganz der Alte. Das muss mit dem vielen Geld zu tun haben, das Jonas ihm *bringen* kann. Nur, wie das funktionieren soll, ist Jonas ein Rätsel. Er kommt nicht dazu, danach zu fragen. Die Erkennungs-

melodie der Sendung dudelt durch den Raum, die grob-
körnigen, verwackelten Bilder werden wiederholt. Hilflos
und wütend sieht Jonas zu, wie er den Briefumschlag über
das Feuer hält. Niemand, gar niemand, hat das Recht,
heimlich hinter ihm herzuschleichen und ihn zu filmen!
Dieser Meinung scheint auch Danuser zu sein, der sich laut
und deutlich meldet: »Wer zum Henker hat euch erlaubt,
das auszustrahlen? Ich kann mich nicht daran erinnern,
mit euch einen Vertrag abgeschlossen zu haben. Im Ge-
genteil. Ich ...«

»Pssst«, ruft Biggi. »Gleich erfahrt ihr, was Jonas vor
euch verborgen hat.«

Das bringt sogar Danuser zum Schweigen. Jonas ist auf
Gedeih und Verderb dem Sprecher ausgeliefert, der nun
schon zum dritten Mal dieselben zwei Sätze von sich gibt,
wobei es ihm gelingt, die Dramatik noch etwas zu steigern. Nach einer kurzen Kunstpause wechselt er die Tonlage und versucht sich an einem verschwörerischen Flüstern. »Ein guter Freund von Jonas hat uns in das Geheimnis eingeweiht.«

Ein guter Freund? Jonas Magen schlägt einen Salto. Damit kann nur einer gemeint sein: Gero. Gero, der heute
mit ihm im Studio war und mit Lars geflirtet und dabei
wohl zu viel ausgeplaudert hat. Jonas stöhnt leise auf.
Nicht nur, weil dieser Verdacht schmerzt, sondern weil
Vaters Hand mittlerweile heftiger drückt als der stärkste
Schraubstock.

»Es sind ...«

Jonas schließt die Augen. Gleich fliegt er auf.

»... zwei Tickets für das AC/DC-Konzert. Und wie unsere
zuverlässige Quelle berichtet hat, sind diese Tickets kurz
nach unseren Filmaufnahmen ein Raub der Flammen geworden.«

Der Sprecher plappert weiter, ohne dass Jonas auch nur ein Wort mitbekommt. Vaters Griff lockert sich. Danuser beginnt zu meckern und kann nicht mehr aufhören. Nicht einmal ein Hustenanfall stoppt ihn. Der alte Mann hustet und lacht gleichzeitig.

»Ich bringe ihn nach Hause«, sagt Jonas und steht auf.

»Sein Zuhause ist hier.« Energisch hilft Biggi Danuser aus dem Sessel. »Ich begleite ihn.«

»Ich komme mit!«, kräht Emma.

»Und wir reden!«, befiehlt Vater. »Sofort.«

»Aber«, schaltet sich Lars ein, »die Kamera ist kaputt. Wir können das nicht filmen.«

»Schade.« Vater schafft es tatsächlich, unglücklich auszusehen. »Ich bin sicher, dass Jonas der Ausraster gegen dich leidtut. Er wird selbstverständlich für den Schaden aufkommen. Und jetzt entschuldigt uns.«

Er bugsiert Jonas in ein Zimmer, das mit schweren Büromöbeln vollgestopft ist und jedem Direktor Ehre gemacht hätte, wären da nicht die leeren Regale, auf denen eigentlich Ordner stehen sollten.

»AC/DC-Tickets? Woher hattest du das Geld?«

Falsche Frage, denkt Jonas. Wenn ihn Vater auch nur ein bisschen kennen würde, würde er wissen wollen, warum Jonas etwas so Wertvolles verbrennt. Und mit wertvoll ist nicht nur der Ticketpreis gemeint.

Jonas zuckt mit den Schultern. »Gespart.«

»Damit wären wir beim Thema«, kommt Vater zur Sache. »Uns liegen zwei hervorragende Angebote vor.« Er sagt es beinahe feierlich, als hätte er den Umschlag samt Inhalt schon wieder vergessen. Hat er wahrscheinlich auch. Waren ja nur Tickets für ein Rockkonzert. Glaubt er.

»Uns?«, fragt Jonas, um sicherzugehen, dass er richtig gehört hat.

»Nun, eigentlich dir, aber da du noch nicht volljährig bist, habe ich als Erziehungsberechtigter ein gewichtiges Wort mitzureden.«

»Angebote. Mir?«, wiederholt Jonas.

»Ja, dir.« Vater legt eine Pause ein, wohl um die Spannung zu steigern. »Das erste Angebot kommt von einer Modekette. Die wollen dich als Model.«

Das ist ein Witz. Model. Er, Jonas! Dummerweise macht Vater ein äußerst ernstes Gesicht.

»Nein«, sagt Jonas.

»Die bezahlen gutes Geld! Geld, das wir brauchen können.«

»Nein!«, wiederholt Jonas.

»Dieser Renzo Irgendwas, dieser Ex-Mister Schweiz, der kam auch aus den Bergen. Was der konnte, kannst du auch. Also zier dich nicht so!«

»Ich zier mich nicht. Das war ein klares Nein.«

Vaters Augen blitzen. »Ich habe denen zugesagt.«

»Dann sag ab.«

Vaters Faust donnert auf den Tisch. »Wir brauchen das Geld.«

Jonas schweigt. Ist er schon wieder dabei, etwas kaputtzumachen? Der Familie zu schaden mit seiner Sturheit? Das will er nicht! Aber Model werden auch nicht!

Vater fasst die Stille als Aufforderung auf, das nächste Angebot vorzustellen. »Gegen die Anfrage von MowPow-Records wirst du hoffentlich nichts haben«, knurrt er. »Du hast's ja mit der Musik. Also. MowPow will eine CD mit dir aufnehmen.«

»Und dann zum Mars fliegen.« Jonas kann sich die Bemerkung nicht verkneifen. Vater findet sie nicht lustig. »Nein«, fährt er Jonas an. »Du wirst in die Hitparade kommen und uns reich machen.«

147

»Diesen Scheiß glaubst du nicht wirklich, oder?«, fragt Jonas.

»Es könnte aber sein!« Vater wird lauter. »Schau dir doch an, wer in der Schweiz alles als Promi durchgeht. Auf dieser Liste stehen wir bis Ende der Woche auch. Dann kannst du alles werden.«

»Nein.« Jonas sieht Vater direkt in die Augen. »Wir werden nur eins: eine Freakshow. Siehst du das nicht? Papa, ich bin weder ein Model noch ein Sänger. Und schon gar nicht bin ich die Geldmaschine, die du so dringend benötigst.« Er geht zur Tür.

»Du *bist* unsere Geldmaschine!« Vater kommt auf Jonas zu. »Wir brauchen dich. Also bau keine Scheiße mehr. Morgen gehst du zur Schule. Biggi will dort ein paar Aufnahmen machen. Wenn du zurückkommst, treffen wir Cornell Meier, den Vertreter der Modekette ... hmmm ... hab den Namen vergessen. Ist auch nicht wichtig. Hauptsache, es bringt uns Kohle.«

Jonas öffnet die Tür.

»Vergiss nicht, dich bei Lars zu entschuldigen!« ruft Vater ihm hinterher. »Und ...«

Jonas hört nicht mehr hin. Er stiehlt sich zum Ausgang, raus aus dem Karnickelbau, weg von diesem Irrsinn.

Rennen hat keinen Zweck. Und so geht er langsam nach Hause, wo nichts und niemand auf ihn wartet, weil es kein Zuhause mehr ist.

18

»He, du Schlafmütze! Wach auf!«

Jonas zieht das Kissen über seinen Kopf. Er will nicht mit Danuser sprechen.

»Lars und Biggi werden gleich hier sein«, dringt es gedämpft an seine Ohren.

Mit denen will Jonas schon gar nicht reden! In weniger als einer Sekunde ist er aus dem Bett.

»Schlafanzüge sind wohl nicht mehr angesagt«, meint Danuser mit einem Blick auf den angezogenen Jonas.

Nein, sind sie nicht. Nicht in Häusern, die jeden Moment zusammenkrachen können. Wenn es so weit ist, möchte Jonas auf keinen Fall im Pyjama vor der Rettungsmannschaft stehen. Er ist deshalb voll bekleidet schlafen gegangen, was sich jetzt als gute Idee erweist. So kann er die Flucht ergreifen, bevor ihn eine Kamera im Visier hat.

»Da ist ...«, beginnt Danuser, doch Jonas ist schon auf dem Weg nach draußen. Im Flur knallt er beinahe gegen ein Hindernis. Lili.

»... noch etwas«, beendet Danuser seinen Satz. »Aber ich glaube, das hast du gerade selber gemerkt.«

Plötzlich hat Jonas zwei Hände zu viel. Er steckt sie in die Hosentaschen.

»Tut mir leid wegen gestern.« Lili schaut ihn nicht an. »Ich wusste nicht, dass Lars dir gefolgt war.«

Jonas nickt und sucht nach einer Antwort. Dass sein Gesicht glüht, macht die Sache auch nicht besser. Die halbe Nacht hat er wach gelegen. Dabei ist sein Zorn auf Lili immer kleiner geworden. Und seine Scham immer größer. Okay, Lili hat Mist gebaut, aber das hat er auch!

»Mir ... Mir tut es auch leid«, stammelt er.

»Machen wir, dass wir hier wegkommen«, drängt Danuser. »Mir nach!« Geduckt rennt er die Treppe hinunter und streckt vorsichtig den Kopf aus der Tür. »Zu spät. Wir müssen hinten raus.«

Während sie aus einem kaputten Wohnzimmerfenster klettern, hören sie, wie Lars und Biggi das Haus betreten. Auf ein Zeichen von Danuser stürmen sie los und halten erst an, als sie außer Sichtweite der Fernsehleute sind.

»Und jetzt?«, fragt Jonas.

»Brauche ich jemanden, der mir hilft, eine Arche zu entwerfen.«

»Kann das nicht warten?«

»Nein.« Danuser zieht drei Zigaretten aus der Hosentasche und hält sie in die Höhe. Jonas greift sich eine und steckt sie zwischen die Lippen. Lili zögert.

»Nimm schon!«, befiehlt Danuser. »Die eignen sich auch als Friedenspfeifen.«

Verlegen schauen sich Lili und Jonas an.

»Na, macht schon! Ich hab keine Zeit zu verlieren!«

»Musst sie nicht rauchen«, sagt Jonas zu Lili. »Wir kauen sie.«

»Im Ernst?« Lili nimmt Danuser die Kippe aus der Hand und schiebt sie in den linken Mundwinkel. »Frieden?«

Jonas beißt etwas zu heftig auf seine Zigarette. Tabakbrösel füllen seinen Mund. »Frieden.«

Ohne die Zigarette aus dem Mundwinkel zu nehmen, fragt Lili: »Du willst diese Arche also tatsächlich bauen?«

Danuser nickt energisch. »Ich will nicht in diesem verfluchten Karnickelbau sterben.«

»Versteh ich«, meint Lili. »Aber warum willst ...«

»Ein Haus hatte ich schon«, unterbricht Danuser sie, »und die Idee mit der Arche gefällt mir.«

Sie gefällt auch Jonas. Aber sie ist ein Traum. Ein Luftschiff. Danuser scheint das anders zu sehen.

»Ich habe mir da so meine Gedanken gemacht und glaube, es läuft auf das heraus, was ihr jungen Leute Teamarbeit nennt.«

»Teamarbeit«, wiederholt Jonas.

Danuser nimmt die Kippe aus seinem Mund und spuckt ein paar Tabakbrösel auf den Boden. »Emma brauche ich für die Pläne. Du kannst mir beim Bauen helfen. Und du«, er fuchtelt mit dem Zeigefinger durch die Luft und deutet schließlich auf Lili, »bist verantwortlich für die Finanzen.«

Lili zieht einen abgewetzten Geldbeutel aus ihrer Hosentasche. Sie öffnet ihn und verkündet: »Wenn fünfzehn Franken reichen, bin ich dabei.«

»Ah, ihr denkt, ich sei reif für die Klapse!«, ruft Danuser fröhlich. »Bin ich aber nicht. Du kannst deine fünfzehn Franken behalten, Lili. Ich brauche etwas anderes. Ein Interview mit Biggi. Und dann machen wir einen Spendenaufruf. Mit dem Geld, das zusammenkommt, bauen wir die Arche. Ich hab nur ein Problem.«

Ach ja, denkt Jonas. Nur eins?

»Emma hat das zwar gut gemacht, aber ich brauche jemanden, der richtige Pläne zeichnen kann.«

»Vergiss es!« Jonas verzichtet auf schonende Worte. Danuser versteht nur Klartext. »Du wirst keine Baubewilligung bekommen.«

»Das lass mal meine Sorge sein.« Danusers Augen blitzten listig. »Kennst du jemanden, der Pläne zeichnen kann? Ja oder nein?«

Dieser Mann hat eine Mission! Früher oder später wird ihn jemand bremsen, aber Jonas beschließt, dass er es nicht sein wird. »Ja«, antwortet er. »Ich nehme an, es darf ruhig etwas ausgefallen werden.«

»Darauf kannst du wetten.«

»Dann empfehle ich dir einen guten Freund von mir. Gero Cathomen. Ich denke, ihr werdet euch verstehen.«

Danuser pufft Jonas in die Seite. »Bist du sicher?«, flüstert er. »Der da soll meine Pläne zeichnen?«

Jonas schluckt. Gero sieht aus wie das sprichwörtliche Häufchen Elend. Vor ihm steht eine gut gefüllte Teetasse, aber es ist offensichtlich, dass sich darin etwas anderes als Tee befindet. Beide, Gero und die Flüssigkeit in der Tasse, riechen nach Alkohol.

»Gero, das ist Sepp«, sagt Jonas.

»Weiß ich doch«, flüstert Gero, und Tränen füllen seine Augen.

»Also, wegen mir musst du nicht losheulen«, brummt Danuser. Er packt Jonas am Arm. »Wir sollten gehen. Dein Freund scheint mir etwas … ähm … unpässlich.«

Jonas kennt den Grund für diese Unpässlichkeit. Deshalb hat er Lili gebeten, draußen zu warten. Er war sicher, dass Gero ihnen die Tür vor der Nase zugeschlagen hätte, wenn sie jemanden vom Fernsehen mitgebracht hätten. Denn *Fernsehen* steht für Lars. Und genau dieser Lars ist schuld an Geros bedauernswertem Zustand.

Ohne auf Danusers Vorschlag einzugehen, dirigiert ihn Jonas an Gero vorbei, geht mit ihm in den hinteren Teil des Gebäudes und öffnet die Tür zu Geros Atelier. »Ich möchte, dass du dich hier in Ruhe umschaust. Ich rede in der Zwischenzeit mit Gero.«

Er ist nicht sicher, ob Danuser bis zum Schluss zugehört hat, denn die Augen des alten Mannes leuchten wie Signallichter beim Anblick von Geros Kunstwerken.

Jonas zieht die Tür hinter sich zu, schnappt sich ein Glas vom Küchenregal und füllt es mit Wasser. »Das mit den AC/DC-Tickets war große Klasse!«, sagt er. »Danke.«

Wieder stehen Tränen in Geros Augen. »Wie konnte er nur?« Er sinkt auf einen Hocker am Fenster und stiert nach draußen. »Dabei war er so nett. Hat mir alles gezeigt. Wie man Filme schneidet und vertont und so.« Mit seiner freien Hand greift er nach einem schmutzigen Lappen auf dem Boden. Dabei verschüttet er den halben Inhalt der Teetasse. Dann schnäuzt er laut in das unappetitliche Stück Stoff. »Alles war perfekt. Bis er mir das Filmmaterial zeigte, das er am Vortag gedreht hatte. Er war total stolz auf die Szene beim Feuer.« Diesmal schnäuzt er sich nicht, sondern wischt sich mit dem zerknüllten Lappen die Tränen von den Wangen. »Ich ... Ich bat ihn, das nicht zu senden, aber er fand, damit habe er einen Knüller gelandet. Er wollte wissen, was im Umschlag ist ... und ich dachte, wenn ich etwas völlig Unwichtiges erwähne, dann ...«

Unwichtig? AC/DC-Tickets?? Irgendwann muss Jonas seinem Freund erklären, was es bedeutet, wenn ein Konzert in 29 Minuten ausverkauft ist. Erst einmal hört er ihm aber zu und versucht zu verstehen, was ihm Gero zwischen unterdrückten Schluchzern sagen will.

»... dann wird er diese Bilder nicht in die Sendung nehmen. Also log ich ihm etwas vor. Es tut mir leid. Mir ist nichts Besseres eingefallen.«

»Ich fand das eine ziemlich coole Lüge«, versucht ihn Jonas aufzumuntern. »Eine, die so richtig Stil hat.«

»Meinst du?«, schnieft Gero.

»Ja. Meine ich. Wirklich.«

Gero atmet tief durch. »Lars ... Er hat mir gefallen.«

Jonas nickt. Er kann nur zu gut nachvollziehen, wie Gero sich fühlt. Ungefähr so, wie es ihm nach seinem Streit mit

Lili zumute war. Dieses Gefühl kann einen dazu bringen, eine Tasse mit Elend zu füllen und darin zu baden.

»Was tut eigentlich der alte Mann hier?«, fragt Gero.

»Er ...« Weiter kommt Jonas nicht.

Danuser reißt die Tür auf und kommt wild gestikulierend auf sie zu. »Verflucht noch mal!«, brüllt er. »Hör auf zu heulen! Du baust mir eine Arche. Die genialste Arche, die diese Welt je gesehen hat!«

Gero zuckt zusammen.

»Guck nicht so! Du hast da drin das beste Zeugs, das mir je unter die Augen gekommen ist.« Danuser streckt Gero die Hand hin. »Schlag ein!«, befiehlt er. »Oder willst du, dass ich sterbe, ohne meine Arche gebaut zu haben?«

»Er kann dich wahrscheinlich nicht bezahlen«, warnt Jonas seinen Freund.

»Und ich bin launisch und verrückt«, schiebt Danuser nach. »Aber ich will diese ...«

»Schon gut, ich habe verstanden«, sagt Gero und schüttelt Danuser die Hand. »Abgemacht. Wir bauen dir die abgefahrenste Arche, die man sich vorstellen kann.«

Danuser strahlt. »Genau das tun wir.« Er schaut sich um. »Hast du mir auch was von dem Gebräu in deiner Tasse?«

Gero wirft den Lappen zurück auf den Boden. »Hab ich.«

»Gut«, antwortet Danuser zufrieden. »Randvoll, bitte sehr. Und dann gehen wir an die Planung.« Er kratzt sich am Kopf. »Aber nur, wenn du nichts Besseres vorhast.«

»Hab ich nicht.«

Jonas fürchtet, dass gleich eine weitere Ladung Tränen folgen wird, doch Gero greift schwungvoll zu einer Flasche Selbstgebranntem, hebt sie hoch und ruft: »Auf gute Zusammenarbeit.«

»Ich geh dann mal«, sagt Jonas. »Muss noch was erledigen.«

Draußen wartet Lili auf ihn. Sie sitzt an einen Baum gelehnt in dem verwilderten Garten neben dem alten Gebäude. Zwischen ihren Lippen hängt eine von Danusers Zigaretten.

»Man könnte sich an diese Dinger gewöhnen, nicht wahr?«, sagt Jonas.

Sie nickt und nimmt die Kippe aus dem Mund. »Wie ist es gelaufen?«

»Gut.«

»Wie gut? Saumäßig gut? Recht gut? Einigermaßen gut?«

»Genial gut.« Jonas lässt sich neben sie ins Gras gleiten. »Ich denke, das gibt ein richtig fettes Happy End.«

Lili grinst. »Sag ich ja.« Das Grinsen verschwindet aus ihrem Gesicht. »Da gibt's nur ein Problem.«

Schon wieder eins! Irgendwie werden es einfach nicht weniger. »Und das wäre?«, fragt Jonas.

»Dieses Happy End ist so sackstark, dass man daraus eine eigene Serie machen könnte. Stell dir vor, wenn die zwei da drin die Arche wirklich bauen ...« Nachdenklich zerdrückt sie die Zigarette an einem Stein.

»Da müsste Sepp erst mal einwilligen«, wendet Jonas ein. »Und das wird er garantiert nicht.«

»Stimmt.« Lili legt ihre Stirn in Falten. »Diese Nuss kann *TeleG1* nicht knacken.«

Jonas stutzt. *TeleG1*? Nicht *meine Mam*? Er schiebt den Gedanken beiseite. Jetzt, wo Biggi der Star bei *TeleG1* ist, läuft das wahrscheinlich aufs selbe hinaus.

Schweigend hängen sie eine Weile ihren Gedanken nach. Jonas hat keine Ahnung, was Lili durch den Kopf geht. Seiner ist voller Dinge, die er nicht versteht. Zum Beispiel Lili. Halt! Darüber nachzudenken ist ihm zu anstrengend. Es gibt ja auch noch andere Dinge, die er nicht begreift. »Was ist eigentlich mit meiner Mutter passiert?«, fragt er.

Lili zupft einen Grashalm aus, wie beim letzten Mal, als sie zusammen auf einer Wiese gesessen haben. Sie fährt ihm damit über die Wange. Es kitzelt angenehm.

»Ich glaube, ich könnte es dir erklären«, meint sie.

»Aber?«

»Das solltest du sie selber fragen.«

Sie hat recht. Jonas wird mit seiner Mutter reden. Später. Erst einmal will er einfach hier sitzen. Mit Lili. Zigaretten kauen. Und reden.

19

»Gehen wir nicht rein?«, fragt Emma.

Jonas hat sie vom Kindergarten abgeholt. Sie ist ihm fröhlich entgegengerannt, ohne Schwimmweste, inmitten ihrer Freunde, die alle wissen wollten, warum er denn so verrückt sei, AC/DC-Konzerttickets zu verbrennen.

»Doch«, sagt Jonas. »Klar gehen wir rein.« Er öffnet die Tür und betritt das, was nun für eine Weile sein Zuhause sein wird. Er hat darüber nachgedacht, unter dem Baum, neben Lili, und die Vorstellung ist nicht mehr ganz so unerträglich wie zu Beginn.

»Mama!«, kräht Emma. »Schau, wer hier ist!«

»Jonas!« Mama kommt auf ihn zu. Wo warst du, fragen ihre Augen. Geht es dir gut?

»Ich bringe Emma mit.«

Sie lächelt. »Kommt rein. Ich habe gekocht.«

Es ist so schön ruhig. Zu ruhig. »Ist Biggi nicht da?«, fragt Jonas.

»Nein, die ist ins Studio gefahren.«

Jonas zuckt zusammen. Er hat Vater nicht kommen hören.

»Lars ist gar nicht erst aufgetaucht.« Vater geht an Jonas vorbei zum Esstisch. »Die haben eine dringende Besprechung. Kein Wunder, bei deinem Auftritt von gestern Abend. Und entschuldigt hast du dich auch nicht.«

Einen Augenblick keimt Hoffnung in Jonas. Vielleicht hat Alioth zu einer Krisensitzung gerufen. Abbruch der Übung. Aus. Vorbei.

»Bei unserem Gespräch mit Herrn Meier wollen sie wieder dabei sein«, zerstört Vater Jonas' aufkeimende Hoffnung. »Ich erwarte, dass du dich benimmst.«

Jonas kramt in seinem Gedächtnis nach dem Namen. Er braucht eine Weile, bis ihm einfällt, wer dieser Meier ist. Der Typ von der Modekette.

»Du isst doch mit uns?«, fragt Mama.

Bevor Jonas den Mund öffnen kann, antwortet Vater für ihn. »Nicht hier schlafen, aber sich dann den Magen vollschlagen wollen!«

Jonas schaut zu Mama hinüber und bemerkt, wie sie mit zusammengepressten Lippen hektisch das Essen aus den Töpfen in Schüsseln füllt. Er geht zu ihr und greift nach der Schüssel mit den Nudeln. »Ich helfe dir«, sagt er und meint damit nicht nur die Arbeit in der Küche. Ihm ist der Appetit vergangen, doch Emma nimmt ihn an der Hand und zieht ihn zum Tisch.

»Das ist mein Platz«, erklärt sie, »und das deiner.«

Jonas rückt seinen Stuhl so weit wie möglich von Vater weg und setzt sich hin.

»Warum bist du nicht in der Schule?«, will Vater wissen, während er sich das Essen schöpft.

»Mittwochnachmittag ist schulfrei«, antwortet Jonas und verschweigt, dass er auch am Morgen nicht dort gewesen ist.

»Und wer hat dir erlaubt, hier ein und aus zu gehen, wann und wie es dir passt?«

»Ich bin froh, dass Jonas hier ist«, durchbricht Mama die sich abzeichnende Fragespirale.

»Ich auch.« Emma greift nach ihrem Glas. »Schau mal, ich habe das mit der Giraffe drauf. Was ist denn auf deinem?«

»Ich habe den Papagei erwischt.«

»Der ist lustig.«

»Ja.« Jonas gelingt ein Lächeln.

»Wo hast du denn geschlafen?«, fragt Emma.

»Zu Hause.«

»Mama sagt, hier ist jetzt für eine Weile unser Zuhause.«

»Ich ...« Sein Hals wird eng und lässt die Wörter nicht raus. Erst nach einem Schluck Saft gelingt ihm der Rest seiner Antwort. »Ich weiß. Es ist nur so ... Ich habe mich noch nicht daran gewöhnt.«

»Ich schon«, sagt Emma. »Aber ich habe ja auch Freddy. Der schläft bei mir.« Sie lässt sich vom Stuhl gleiten und verschwindet in ihrem Zimmer.

»Undankbarer Kerl«, zischt Vater. »Schau dich mal um. Du hast hier alles, und du ...«

»Es reicht.« Mama spricht nicht laut. Auch nicht sicher, und dennoch wirken ihre Worte. Vater verstummt.

»Wir bauen eine Arche«, sagt Jonas in die Stille hinein. »Emmas Arche.«

Mama lächelt, und Jonas hat ein Loch in seinem Herzen. Zum Glück kommt Emma an den Tisch zurück. »Au ja!«, sprudelt es aus ihr heraus. »Ich helfe auch.« Sie legt Freddy vor Jonas auf den Tisch. »Er will heute Nacht bei dir schlafen. Damit du nicht traurig bist.«

Ich bin nicht traurig, möchte Jonas sagen, aber es geht nicht. »Danke«, krächzt er und beginnt zu essen, obwohl er jeden einzelnen Bissen hinunterwürgen muss.

Wenigstens sagt Vater nichts mehr, doch die Art, wie er das Besteck hinknallt und den Stuhl zurückschiebt, sobald er fertig ist, bringt sämtliche Nerven in Jonas' Magen zum Vibrieren.

Nach dem Essen beharrt Emma darauf, Jonas sein Zimmer zu zeigen. Auf dem Schreibtisch stehen die Boxen, die er im Schutzraum zurückgelassen hat, darüber hängt eine bunte Zeichnung, in einem Regal stehen seine CDs, und an der Tür prangt die Iron-Maiden-Flagge, die ihm sein Patenonkel geschenkt hat.

»Das waren Mama und ich«, sagt Emma.

Jonas legt Freddy zwischen die Kissen auf seinem Bett. »Bist du sicher, dass er bei mir bleiben will?«

Emma nickt. »Er hat dich gern.«

Schon wieder sitzt ein Kloß in Jonas' Hals. »Ich werde bestimmt gut schlafen, wenn Freddy auf mich aufpasst.« Er streicht über Emmas Haare. Sie *ist* ein Engel. Sein Schutzengel.

Jonas hat Emma versprochen, ein paar Sachen für sie aus dem Haus zu holen. Jetzt sitzt er mit Mama auf der Bank vor dem Bretterhaufen auf Danusers Grundstück, während seine Schwester am Bach spielt, der friedlich durch sein neues Bett fließt.

»Vielleicht findet sie noch mehr von deinem Silber«, sagt Jonas.

Mama schweigt. Jonas ist nicht sicher, ob das ein gutes oder schlechtes Zeichen ist.

»Hier hören Sepp und ich manchmal Musik.«

»Deine Musik?«, fragt sie. »Ja, läuft dir der Sepp da nicht davon?«

Jonas schüttelt den Kopf. »Er hat sich verändert«, sagt er mit einem Seitenblick auf seine Mutter.

»Das Unglück hat viele Leute verändert.« Mama legt die Hände auf die Knie und blinzelt in die Sonne. »Dich auch.«

Eigentlich wollte Jonas nicht über sich sprechen, sondern über sie. »Und dich«, wagt er das anzusprechen, was ihn beschäftigt. »Was ist mit dir passiert, Mama?«

»Doktor Bänziger meint, es sei der Schock gewesen.« Sie faltet ihre Hände und drückt dabei die Finger so kräftig zusammen, dass die Spitzen rot anlaufen. »Er hat mir erklärt, dass die Leute nach einem Unglück manchmal ganz verrückte Dinge tun. Sachen, die man sich später beim besten Willen nicht erklären kann.«

Das ist die ganze Erklärung? Ein Schock? Und damit hat es sich? Oh nein! Jonas ist mittlerweile sicher, dass da noch mehr dahintersteckt.

»Ich denke, Bänzinger hat nur zum Teil recht«, fährt Mama nach einer längeren Pause fort. Dann schweigt sie. Jonas sitzt da und wartet. Auf den Teil, der noch fehlt. Den nicht so einfachen.

Mama schaut über das Tal hinaus. Jonas ertastet in seiner Hosentasche eine von Danusers Zigaretten. Er zieht sie heraus und hält sie ihr hin. »Nicht zum Rauchen«, erklärt er. »Aber irgendwie helfen die Dinger beim Reden.«

»Dann nehme ich sie.« Mama greift danach. Sie dreht sie zwischen den Fingern und spielt gedankenverloren mit ihr. »Die Flut war ein Zeichen«, sagt sie. »Es hat sich eine Menge angesammelt und ineinander verkeilt. Immer mehr, bis der Damm gebrochen ist. Nicht nur der oben in den Bergen. Auch meiner. Verstehst du das?«

Jonas presst ein »Ja« über seine Lippen.

»Ich habe es nicht verstanden. Ich wusste nicht, was ich tat, als ich das Silber zu suchen begann.«

»Und jetzt weißt du es?«

»Es ist gar nicht so schwierig. Man muss nur den Mut haben, darüber nachzudenken. Ich war sehr glücklich, als ich deinen Vater geheiratet habe. Das Silber steht für dieses Glück. Ich glaubte, alles werde wie früher, wenn ich nur das Hochzeitssilber wiederfinde.«

Das hat Lili auch geglaubt, doch irgendwo in dieser Theorie ist ein Riss. »Und jetzt glaubst du es nicht mehr.« Es ist keine Frage. Jonas ist sicher, die Antwort zu kennen. »Darum hast du mit dem Suchen aufgehört.«

»Nein. Ich habe einen Denkfehler gemacht. Das Silber war immer da. Bis zu dem Tag, als die Flut kam. Ich hätte also die ganze Zeit glücklich sein müssen.«

»Das warst du aber nicht mehr.«

»Nein.« Sie blickt hinüber zu ihrem zerstörten Zuhause. »Das war ich schon lange nicht mehr.«

Nach einer langen Weile fragt Jonas: »Und jetzt?«

»Jetzt wäre ich gerne so mutig wie du.« Sie steckt die Kippe in den Mund.

»Ich bin nicht mutig.« Jonas sucht in seiner Hosentasche nach einer Zigarette, doch da ist nur noch eine und die wird er später brauchen. Es muss also auch ohne gehen. »Im Umschlag waren keine AC/DC- Tickets«, gesteht er.

»Ich weiß«, antwortet sie. »Die hättest du nie und nimmer verbrannt!«

Jonas will ihr alles erzählen, über das sprechen, was ihm wichtig ist, aber da biegen Danuser und Gero bei der Bäckerei um die Ecke und kommen auf sie zu.

»Heiliger Bimbam, Erika!«, ruft Danuser erstaunt. »Seit wann rauchst du?«

»Seit du Archen bauen willst.«

Jonas schaut sie an und findet, dass sie jung und verwegen aussieht mit der Zigarette im Mund und den vom Wind zerzausten Haaren.

»Mama, das ist Gero«, stellt er ihr seinen Freund vor.

Mama steht auf und streckt Gero die Hand entgegen. »Freut mich, dich endlich kennenzulernen«, sagt sie. »Jonas scheint gerne bei dir im Atelier zu arbeiten.«

»Ist dir auch klar, was dein Sohn auf dem Kasten hat?«, mischt sich Danuser ins Gespräch. »Ich habe gesehen, was er gemacht hat. Wenn meine unbescheidene Meinung gefragt wäre, würde ich sagen, so ein Kerl gehört auf eine Kunstschule.« Er zwinkert Jonas zu.

Mama lacht. »Ich hätte nie gedacht, dass wir einmal einer Meinung sein würden, Sepp. Jetzt ist es so weit.«

»Dann solltest du unbedingt mit deinem Sohn reden«, brummt Danuser.

»Das werde ich.«

Jonas ist froh, dass er sitzen geblieben ist. Seine Beine fühlen sich nämlich gerade ziemlich weich an.

»Prima. Aber es muss warten, Erika«, sagt Danuser. »Jetzt brauche ich deine Kinder. Beide. Wir bauen eine Arche. Die beste, die die Welt je gesehen hat.«

»Da will ich nicht im Weg stehen«, sagt sie. »Wenn ihr Hilfe braucht, dürft ihr mich aber gerne rufen.«

Danuser fällt die Kinnlade runter. Nur kurz, und außer Jonas hat es auch niemand gesehen.

»Ist eine ziemlich verrückte Welt«, sagt er zu Danuser, als seine Mutter weg ist.

»Wo du recht hast, hast du recht. Und jetzt beweg deinen Hintern, wir haben zu tun.«

»Gleich, Sepp. Muss nur vorher noch etwas erledigen«

Jonas wirft einen letzten Blick in den Spiegel und stellt zufrieden fest, dass sein Werk perfekt gelungen ist. Er ist bereit für sein privates Casting als Model.

Der dezente Karnickelbau-Klingelton kündigt Herrn Cornell Meier an. Jonas hört, wie sein Vater zur Tür geht und kurz darauf den Chef einer großen Schweizer Modekette etwas zu laut begrüßt. Er wartet, bis die beiden im Wohnzimmer sind. Dann ist es Zeit für seinen Auftritt.

Aus Cornell Meiers Gesicht weicht alle Farbe, als er Jonas sieht. Der Mann im perfekt sitzenden Anzug verliert sichtbar die Fassung. Vater, der Jonas den Rücken zugekehrt hat, dreht sich zu ihm um. Sein Mund öffnet sich, doch es bleibt bei einem hörbaren Schnappen nach Luft.

»Ich darf doch?« Jonas, fläzt sich auf einen Stuhl, zieht die Zigarette hervor, die er extra für diesen Moment aufgehoben hat, und zündet sie an. Während er hofft, sein Hustenreiz möge vorbeigehen, bläst er eine Rauchwolke in die Luft.

»Er ...« Vater stockt. »Er ist sonst nicht so.«

Cornell Meier ist zwar immer noch blass, aber wieder so gefasst, wie man das von einem Geschäftsmann bei Verhandlungen erwartet. »Hören Sie«, beginnt er, »ich will ganz offen zu Ihnen sein. Das ist nicht das, was wir uns unter einem positiven Werbeträger vorstellen.«

»Aber ...« Hilflos sucht Vater nach Worten. Er scheint keine zu finden, Cornell Meier dafür umso mehr.

»Uns schwebte so etwas wie Renzo Blumenthal vor, Sie wissen schon, der Ex-Mister Schweiz aus den Bergen. Gesund. Natürlich. Gepflegt. Bodenständig. Und anständig.« Er legt sehr viel Betonung auf das letzte Wort.

Jonas findet sein Aussehen überaus *natürlich.* Okay, vielleicht etwas zu punkig mit dem zerschnittenen T-Shirt, den zerrissenen Jeans und den Sicherheitsnadeln, die die Löcher zusammenhalten. Über das *gepflegt* könnte man bei der zerschnittenen, ausgefransten Frisur tatsächlich streiten. Und *anständig* ... nun ja ...

»Ich bin gesund«, sagt Jonas und gibt endlich dem Hustenreiz nach. Kleine Spuckespritzer landen auf dem Tisch ganz in der Nähe von Meiers Händen.

»Das sehe ich anders.« Cornell Meier schiebt den Stuhl zurück. »Tut mir leid, meine Herren, unter diesen Umständen kommen wir nicht ins Geschäft.«

»Schade.« Jonas gibt sich Mühe, furchtbar enttäuscht auszusehen. »Ich wäre so gerne Ihr nächstes Supermodel geworden. Darf ich Sie wenigstens zum Ausgang begleiten?« Er steht auf, geht zur Tür und öffnet sie.

Wie einer Wundertüte entsprungen, steht dort Lars, dem bei Jonas' Anblick beinahe die Augen aus den Höhlen kullern. »What the fuck ...«, entfährt es dem Kameramann.

»So redet man doch nicht in Gegenwart eines seriösen Geschäftsmannes«, belehrt in Jonas. »Würdest du bitte zur Seite treten? Herr Meier möchte gehen.«

»Aber ...«

»Vater ist da drin«, klärt Jonas Lars auf. »Ihr könnt gemeinsam tief durchatmen, wenn ihr denkt, es hilft.«

»Ich ... Ich wollte euer Gespräch filmen!«

Jonas schaut hinter Herrn Meier her, der, ohne sich noch einmal umzudrehen, im Treppenhaus verschwindet. »Du kennst doch den Spruch: Wer zu spät kommt, den bestraft das Leben.« Er klopft Lars auf die Schulter. »Tut mir leid, das mit gestern Abend, vor allem das mit deiner Nase. Ich hoffe, die kaputte Kamera hat dich nicht in Schwierigkeiten gebracht. Und jetzt entschuldige, ich muss noch mal weg. Eine Arche bauen.«

»Heiliger Bimbam!«, ruft Danuser.

»Ziemlich sexy«, meint Gero.

»Deine Kleider sind kaputt«, sagt Emma.

»Ja«, antwortet Jonas. Er kann sich nicht erinnern, sich jemals so gut gefühlt zu haben. »Kommt ihr voran?«

»Wir schon!«, brummt Danuser. »Nur mit der Finanzierung hapert's.«

»Und mit der Baubewilligung«, schiebt Gero nach.

»Das kriegen wir schon hin«, meint Jonas. Er reitet auf einem solchen Hoch, dass ihm nichts unmöglich scheint. Wenn ihn jetzt jemand bitten würde, den Mond vom Himmel zu holen, er würde es glatt versuchen. Was sind da schon die Finanzierung einer Arche und eine Baubewilligung!

»Hast du Drogen genommen?«, faucht ihn Danuser an.

Jonas schüttelt den Kopf. »Nein, nur eine deiner Kippen geraucht.«

»Wenn's denn hilft!« Danuser zieht eine Handvoll zerknitterter Zigaretten aus der Hosentasche. »Hat jemand Feuer?«

»Ich. Und könnte ich auch so einen magischen Glimmstängel haben?«, bittet Gero.

Kurze Zeit später stehen sie eingenebelt von Rauch neben Danusers Bretterstapel.

»Du bist sicher, dass du keine willst?«, fragt Danuser.

»Ja.« Jonas' Bedarf an Tabakwaren ist gedeckt. »Habt ihr schon was von Lili gehört?«

»Sie ist nicht sehr zuversichtlich. Scheint, dass denen im Sender die ganze Geschichte etwas zu verrückt wird.«

Jonas lacht.

»Ich wüsste nicht, was daran lustig sein soll.« Danuser brummt immer noch. »Ohne Fernsehen kann ich meine Arche vergessen.«

»Du hast ja noch uns!«, ruft Emma. »Wir helfen dir.«

»Das ist lieb«, sagt Danuser gerührt. »Ohne euch ginge es wirklich nicht, aber weißt du, Holz für so eine große Arche kostet ziemlich viel.«

»Ich habe Geld im Sparschwein.«

Danuser fährt Emma über die Haare. »Ich denke, das brauchen wir nicht. Aber trotzdem vielen Dank.«

»Und was ist jetzt mit der Baubewilligung?«, fragt Jonas.

»Grundinger ist vorhin vorbeigekommen und wollte wissen, was wir hier tun. Dieser verfl...« Danuser kneift die Lippen zusammen.

»Halunke«, bringt Gero den Satz für ihn zu Ende, wobei er das Fluchwort aus Rücksicht auf Emma weglässt. »Er meint, wir haben keine Chance.«

»Das werden wir ja sehen!« Jonas hat sich gerade so richtig an seine Kämpferrolle gewöhnt. Da will er nicht schon wieder klein beigeben. »Uns wird etwas einfallen. Bestimmt.«

»Wie siehst du denn aus?«, fragt eine Stimme, die Jonas' Puls auf dreifache Geschwindigkeit treibt. »Lange Geschichte«, sagt er zu Lili. »Kommst du mit mir spazieren? Dann erzähle ich sie dir.«

Er hört Danuser meckern und könnte sich die Zunge abbeißen. *Kommst du mit mir spazieren?* Das ist wahrscheinlich die dämlichste Frage, die je einer gestellt hat, der mit einem Mädchen allein sein wollte. Zu seiner Überraschung willigt Lili ohne zu zögern ein.

Jonas kauert sich vor Emma hin. »Tust du mir einen Gefallen? Sagst du bitte Mama, dass ich heute nicht zum Essen komme? Nur noch heute.«

»Aber zum Schlafen schon. Du weißt, Freddy wartet auf dich.«

»Versprochen. Ich kann ihn doch nicht alleine lassen!«

Emma schüttelt heftig den Kopf. Dann beugt sie sich vor. Ihr Mund ist ganz dicht an seinen Ohren. »Du zitterst«, flüstert sie.

Jetzt ist er dran mit Flüstern. »Das ist wegen Lili. Aber verrate mich nicht.«

Wieder schüttelt sie den Kopf. Diesmal ganz langsam.

»Hau schon ab«, meckert Danuser. »Gero und ich bringen Emma nach Hause.«

20

Der Tobelwald eignet sich nicht wirklich für einen romantischen Spaziergang. Das liegt aber nicht am Wald, der durchaus seine verwunschenen Orte hat, sondern an den vielen Endzeitlern, die auf der Suche nach einem abgelegenen Platz zum Meditieren durchs Unterholz irren. Doch auch ohne Endzeitler müsste die Romantik erst mal hintanstehen. Lili hat nämlich Neuigkeiten vom Fernsehen.

Biggi war am Morgen im Studio, weil Bubi sie zurückgepfiffen hatte. Längst nicht mehr alle Mails, die bei *TeleG1* eingingen, klangen positiv. Der AC/DC-Fanclub wollte Auskunft darüber, ob Jonas gezwungen worden sei, seine Tickets zu verbrennen. Besorgte Zuschauer äußerten ihre Bedenken, dass Jonas die Sache über den Kopf wachse. Andere fanden, etwas mehr Dankbarkeit und Anstand wären angebracht. Eine Selbsthilfegruppe mit dem Namen *Fernsehgeschädigt!* beschwerte sich über die leichtfertige Art, wie die Familie in der Öffentlichkeit exponiert werde, statt ihr Hilfe zu gewähren. Und dann gab noch jene, die meinten, da habe wohl jemand für ein bisschen Geld die Seele seiner Familie verkauft. Der nationale Sender, der ursprünglich Interesse gezeigt hatte, zog sein Angebot zurück. Und ein paar Witzbolde überboten einander mit doofen Sprüchen über rosa Schwimmwesten, herumirrende Mütter und bescheuerte Versicherungsvertreter.

Bubi tobte. Wegen der Mails. Wegen der kaputten Kamera. Wegen der Kosten. Und generell einfach so *wegen*.

Biggi gelobte, den angerichteten Schaden wieder gutzumachen. Sie führte ein Interview mit einem Psychologen und sprach mit der ewig lächelnden Frau Meier, die etwas zum Care-Team sagen durfte, das wieder abgereist ist, weil man im Dorf findet, man komme alleine zurecht.

»Die Sendung von heute Abend wird also ernst und psychologisch«, warnt Lili.

»Da hat es dann wohl keinen Platz für einen Spendenaufruf zu Danusers Arche«, meint Jonas.

»Das kannst du vergessen. Viel zu schräg und zu wenig seriös. Aber ich war im Sägewerk. Der Hämmerli ist gar nicht so übel. Er meint, es ließen sich bestimmt Wege finden, das Holz zu finanzieren.«

Eigentlich, denkt Jonas, klingt das alles sehr gut! Mit etwas Glück stirbt die Doku-Serie über die Familie Regenass einen leisen, unspektakulären Tod.

»Jetzt bist du dran«, sagt Lili. »Ich möchte die lange Geschichte hören. Die, wieso du aussiehst wie ein gerupfter Punk.«

Später, nach vielen Worten und vielem Gelächter, sind sie tief genug im Wald, um alle Endzeitler hinter sich gelassen zu haben. Er ist jetzt unberührt wie der Regenwald am Amazonas. Und es gibt diese wunderbaren Dinge, die man tun kann, wenn niemand zuschaut. Küssen zum Beispiel. Am liebsten bis in alle Ewigkeit ...

Irgendwann müssen sie trotzdem zurück.

Als Jonas Lili zur Bushaltestelle bringen will, lacht sie. »Ich wohne schon seit Montag im gleichen Gebäude wie du. Wenn du nicht immer vor allem weggerannt wärst, hättest du das bemerkt.«

Verlegen fährt Jonas durch sein Haar, das sich wie eine ausrangierte Bürste anfühlt. »Bei so einem Vater würdest du auch weglaufen«, sagt er leise.

»Bei uns war's umgekehrt. Da hat der Vater das Weite gesucht.«

»Das tut mir leid.«

»Schon okay.« Lili wischt mit einer Handbewegung alles weg, was nicht okay sein könnte. »Man gewöhnt sich dran.«

Man kann sich an vieles gewöhnen, denkt Jonas, aber nicht an alles, und gut ist es auch nicht immer.

»Hey!«, ruft Lili etwas zu aufgesetzt fröhlich. »Was war eigentlich in diesem berühmt-berüchtigten Umschlag?«

»AC/DC-Tickets.«

»Das kannst du dem Rest der Welt erzählen, aber nicht mir!«

»Also gut: eines deiner Happy Ends, das keines wird.«

»Geht es auch etwas weniger geheimnisvoll?«

»Ein Brief.« Jonas zuckt mit den Schultern. »Ist nicht so wichtig.«

»So siehst du aus!«

»Ich habe die Aufnahmeprüfung für den gestalterischen Vorkurs an der Kunstschule bestanden.«

»Das ist doch klasse!« Lili schaut ihn irritiert an. »Wo ist das Problem?«

»Vater mag keine Künstler. Er will, dass ich eine Lehre mache. Was Richtiges.«

»Vielleicht ist er ja stolz auf dich, wenn er es erfährt. Ist nämlich gar nicht so einfach, da aufgenommen zu werden.«

»Nein. Vater würde ausrasten.«

Lili gibt nicht so schnell auf. »Der Vorkurs dauert ein Jahr. Danach würdest du sowieso eine Lehre machen.«

Jonas schweigt. Natürlich möchte er eine Lehre machen. Eine im gestalterischen Bereich. Einen kreativen Beruf lernen und später Künstler werden. Wie Gero. Dummerweise ist das in den Augen seines Vaters nur was für Weicheier und Schwule. Dass Gero zur letzteren Sorte gehört, festigt Vaters Meinung zu Beton.

»Und deine Mutter?«, fragt Lili.

Das ist eine andere lange Geschichte. Jonas denkt, dass sie ihn versteht. Und da ist tatsächlich ein kleines bisschen Hoffnung. Sie hat so wild und rebellisch ausgesehen heute bei Danuser. Vielleicht ... Jonas behält es für sich. Er hat Angst, das gute Gefühl könnte sich verflüchtigen, wenn er darüber spricht. Zum Glück bohrt Lili nicht nach.

»Hast du den Brief wirklich verbrannt?«

»Nein. Sepp hat ihn. Er will ihn für mich aufbewahren. Wenn ich mein Leben jemals auf die Reihe kriege, kann ich ihn ja einrahmen.«

Lili hakt sich bei ihm ein. »Das kriegst du schon hin. Willst du noch auf eine heiße Schokolade hochkommen? Ich bin Weltmeisterin im Schokolademachen.«

Doch Jonas kommt nicht in den Genuss der besten Schokolade der Welt. Auf jeden Fall nicht gleich. In der kleinen Wohnung, in die Biggi und Lili unbemerkt von ihm eingezogen sind, sitzen ziemlich viele Leute um einen viel zu kleinen Tisch. Die Gesichter der Versammelten erinnern an einen trüben Regentag.

Beim Anblick der Runde will Jonas das Weite suchen, aber Biggi hat ihn und Lili entdeckt.

»Dageblieben!« Sie zeigt auf Jonas. »Du schuldest uns ein paar Erklärungen.«

Uns. Das sind Bubi, Biggi und Lars vom Fernsehen. Hämmerli und Grundinger von der Gemeinde. Balthasar von ... na ja, wohl in eigener Sache. Und Vater. Es riecht nach Krisensitzung. Gut, denkt Jonas, können sie haben. Er findet keinen Stuhl mehr und setzt sich auf die Lehne des Sofas.

Bubi mustert ihn wie einen Aussätzigen. »Das war nicht der Deal«, blafft er. »Du siehst aus wie ein Asi.«

»Asi?«, fragt Balthasar.

»Asozialer«, hilft ihm Lars auf die Sprünge.

»Klappe!«, befiehlt Bubi. »Unsere Zuschauer wollen eine arme, liebenswerte, vom Schicksal gebeutelte Familie, mit der man Mitleid hat. So, wie Jonas aussieht, kann man ihn für unsere Soap vergessen.«

»Gestern gefiel Ihnen meine Rebellenrolle noch«, sagt Jonas. »Ich hab mir gedacht, ich baue sie ein wenig aus.«

»Hast du dir gedacht.« Bubi knallt die Handfläche auf den Tisch. »Cornell Meier hat sich als Sponsor zurückgezogen. Die Möbelfirma, du weißt schon, die mit der sackteuren Einrichtung, macht mir Feuer unterm Arsch. Sie will kein negatives Image.«

Balthasar öffnet den Mund, doch bevor er seine Frage stellen kann, schaltet sich Biggi ein. »Wir könnten Jonas aus der Sendung nehmen.«

»Und wie erklärst du das unseren Zuschauern?«, kläfft Bubi sie an.

»Wir haben genügend anderes Material. Erika scheint sich gefangen zu haben, und Emma hat ihre Schwimmweste dem alten Mann geschenkt. Das ist doch rührend.«

Bubi atmet tief durch. »Ja«, grollt er. »Das ist wirklich sehr *rührend*.«

Aber?, denkt Jonas.

»Aber damit hat sich's. Ende gut, alles gut. Friede, Freude, Eierkuchen. Was willst du denn daraus noch machen? Unsere Zuschauer werden wegzappen, wenn sie nicht vorher schon eingeschlafen sind.«

Biggi gestikuliert mit den Händen. Sagen tut sie nichts. Wahrscheinlich, weil sie merkt, dass unter ihr gerade das Sprungbrett zusammenkracht.

»Also bitte«, mischt sich Vater ein. »Ich bin ja auch noch da.«

Lars verdreht seufzend die Augen. Bubi schmettert Vater die Tatsachen ungeschönt ins Gesicht. »Du bist nicht gerade das, was man einen Sympathieträger nennen würde. Oder anders gesagt: Unsere Zuschauer halten dich für einen unfähigen, gefühllosen Kotzbrocken.«

Das tut weh. Sogar Jonas. Er hat eine Menge Probleme mit Vater, aber so heftig hätte Bubi ihn nicht angehen müssen.

»Ach ja?« Vater scheint die Ruhe selbst. Jonas kennt ihn gut genug, um zu wissen, dass es jetzt gefährlich wird. »Ihr könnt jederzeit verschwinden, ihr nutzloses Gesocks, wenn's euch nicht passt. Ich möchte nur daran erinnern: Vertrag ist Vertrag. Auf gut Deutsch und ganz langsam zum Mitschreiben: Ihr müsst bezahlen. Bis auf den letzten Franken. So oder so. Steht im Kleingedruckten.«

Bubi rauft sich die Haare. Mehr nicht. Jonas deutet das als Eingeständnis seiner Niederlage. Da nützt auch ein gehässiges »Darüber reden wir noch« nichts. Das ist nur noch Kosmetik, um das Gesicht nicht ganz zu verlieren.

»Und für den *Kotzbrocken* könnte ich dich wegen Ehrverletzung einklagen«, setzt Vater zum vernichtenden Schlag an. »Ich mag ein Idiot sein, aber ganz so dumm, wie du glaubst, bin ich nicht. Dazu habe ich zu viele Verträge gelesen.« Er steht auf. »Ich nehme an, ihr braucht mich hier nicht mehr.«

Niemand hält ihn zurück. Balthasar fängt sich als Erster wieder. »Starker Auftritt«, murmelt er. »Könnten wir jetzt aber endlich zu meinem Problem kommen?«

Grundinger und Hämmerli nicken. Jonas macht es sich etwas bequemer. Scheint ganz so, als wäre noch lange nicht alles gesagt!

»Ich werde überschwemmt.«

Die etwas unglückliche Formulierung von Balthasar löst bei Grundinger einen heftigen Abwehrreflex aus. »Du hast kein Recht, dieses Wort in den Mund zu nehmen!«, zischt er den Endzeitler an. »Nicht du! Beschwörst den Weltuntergang und wirst von der Flutwelle verschont. Du solltest deinem Herrgott dankbar sein, wer immer das ist.«

Jonas erwartet heftigen Widerspruch, doch Balthasar sackt bei der Erwähnung seines Herrgotts in sich zusammen. »Ich habe ihn missverstanden«, gesteht er. »Ich dachte, er schickt mir das Zeichen für den Heimgang und sendet die Boten der Erlösung aus.«

»Habakuk«, murmelt Hämmerli.

»Das würde ich jetzt nicht so sagen«, erwidert Balthasar. »Die Flutwelle war ein Zeichen. Nur nicht das, wofür ich es gehalten habe.«

Grundinger trommelt ungeduldig mit den Fingern auf die Tischplatte. »Komm zu Sache«, murrt er.

»Versteht ihr denn nicht?«, ruft Balthasar. »Es war ein Zeichen für das Leben! Meine Aufgabe ist es, der Gemeinschaft hier unten auf Erden zu helfen! Unsere Zeit ist noch nicht gekommen.«

»Und was habe ich damit zu tun?«, fragt Bubi genervt.

»Eine ganze Menge!« Balthasar richtet seinen Blick auf den Chef von *TeleG1*. »Seit dein Sender über mich berichtet hat, werde ich von falschen Jüngern und Propheten überschw... ähm ... in Beschlag genommen. Hordenweise kommen sie und verzapfen Unsinn. Sie campieren auf meinem Grundstück, gehen in den Wald Bäume umarmen und Tiere erschrecken und beten mich an wie einen Guru. Wenn ich ihnen nun sage, dass die Boten der Erlösung nicht auf der Erde landen und auch niemanden abholen werden, endet das in einem Aufstand.«

Hilfesuchend schaut er in die Runde und bekommt Unterstützung von Hämmerli. »Das alleine würde schon reichen«, brummt der Feuerwehrkommandant. »Doch die Sendung zieht nicht nur Balthasars Jünger an. Unser ganzes Dorf wird von Schaulustigen regelrecht heimgesucht. Sie beinträchtigen die Aufräumarbeiten und belästigen unsere Bevölkerung. Helmut und ich haben diese Aussprache verlangt, weil wir genug haben. Mehr als genug. Dieser verrückte Zirkus muss aufhören!«

»Jawohl!« Grundinger nickt heftig. »Wir verlangen den Abbruch der Übung, Herr Alioth.«

»Ihr vergesst, dass ihr dank der Sendung zu einer beträchtlichen Spendensumme gekommen seid.« Bubi redet jetzt so leise wie Vater, wenn er den Siedepunkt überschritten hat. »Undankbares Pack!«

»Blasen Sie sich nicht so auf«, antwortet Hämmerli ruhig. »Der größte Teil der Spenden kam als Reaktion auf einen nationalen Spendenaufruf. Das wissen Sie so gut wie ich.«

Wortlos steht Bubi auf und gibt Lars das Zeichen zum Rückzug. »Du hast bis morgen Zeit, Biggi«, sagt er. »Dann schicke ich die Umzugswagen, um die Möbel abzuholen.«

»Tu das«, antwortet Biggi. »Soll ich dir mein Kündigungsschreiben gleich in die Umzugskisten stecken oder es per Post schicken?«

Bubi zuckt kaum merklich zusammen. »Du ...« Er macht den Satz nicht fertig. Ein paar Sekunden später ist er weg, zusammen mit Lars im Schlepptau.

»Dieses Problem hätten wir gelöst«, meint Hämmerli erleichtert. »Wenn das Fernsehen erst mal weg ist, werden die Schaulustigen von alleine verschwinden. Jetzt müssen wir nur noch Balthasars Jünger loswerden.«

»Ich hätte da eine Idee«, meldet sich Lili. »Sozusagen ein würdiger Abschluss der ganzen Geschichte.«

Sie setzt sich auf Bubis Stuhl. Und dann beginnt sie zu reden. Eine halbe Stunde später ist alles klar. Fast alles.

»Da wären noch ein paar Bedingungen«, sagt Lili. »Erstens: Der Sepp erhält für die Arche eine Baubewilligung. Wenn das Ding nicht als Gebäude durchgeht, dann als Kunstwerk. Zweitens: Das Holz für Sepps Arche wird aus den Spendengeldern bezahlt. Drittens: Das gilt auch für den ganzen Hausrat der Familie Regenass. Viertens: Da fällt mir jetzt grad nichts ein, aber ich würde diesen Punkt gerne für Unvorhergesehenes reservieren.«

Eine Weile herrscht Stille am Tisch. Grundinger erholt sich als Erster. »Wenn du deine Ausbildung fertig hast und keine Arbeit findest, kannst du jederzeit bei mir im Rathaus anfangen.«

Lili grinst. »Ich nehme das erstens als Zustimmung für meinen Plan und zweitens als Kompliment. Dann haben Jonas und ich also freie Hand?«

»Habt ihr«, stimmt Gundinger zu. »Ja, das habt ihr.«

»Für deine Mutter ist das sehr hart.« Jonas lehnt am Balkongeländer und trinkt einen Schluck der besten heißen Schokolade der Welt.

»Mmmm...«, murmelt Lili.

Er hat keine Ahnung, wie er dieses Geräusch interpretieren soll.

Sie rückt näher an ihn heran. »Sie ist wirklich gut, nicht wahr?«

»Wer? Deine Mam?«

»Auch. Aber eigentlich meine ich die Schokolade.«

»Weltklasse«, gesteht er ihr zu und nimmt noch einen Schluck.

»Um Mam brauchst du dir keine Sorgen zu machen.«

»Immerhin ist sie gerade ihren Job losgeworden.«

»Gib's zu, das hast du dir heimlich gewünscht.« Sie pufft ihn in die Seite.

Schokolade schwappt aus Jonas' Tasse über seine zerrissene Hose. »Am Anfang schon«, gesteht er. »Aber Mama und Emma mögen sie. Und sie ist die Mutter einer ziemlich coolen Tochter. Da kann sie ja gar nicht so schlimm sein.«

»Ist sie auch nicht.« Lili reibt mit dem Daumen über den Rand ihrer Tasse. »Sie ist sogar ziemlich clever. So clever, dass sie sich beim Schweizer Fernsehen einen Job geangelt hat.«

Das muss Jonas erst einmal verdauen. »Dann war die Kündigungsszene da drin mit Bubi aber verdammt gut gespielt. Und ...« Er zögert, weil er Lili nicht verletzten will und sie schließlich nichts dafürkann.

»Und?«, fragt sie.

»Wir sind also doch nur ein Sprungbrett für sie.«

»Seid ihr. Das lässt sich nicht wegdiskutieren. Wenn du jetzt aber denkst, es ginge ihr nur darum, irrst du dich. Mam mag euch sehr. Sie mag sogar dich.« Lili legt ihre Hand auf seinen Arm. »Aber nur, weil ich sie von deinen guten Seiten überzeugt habe.«

»Und jetzt verlangst du ewige Dankbarkeit.«

»So ähnlich.« Sie beugt sich vor. »Ein Kuss reicht auch.«

»Der muss warten«, zerstört Biggis Kratzstimme den fast perfekten Moment. Sie hält Jonas ein Handy hin. Vaters Handy. »Da will dich jemand unbedingt sprechen.«

Verwirrt greift nach dem Mobiltelefon. »Ja?«, meldet er sich.

»Mungo von MowPow Records«, hallt es an sein Ohr. »Bist du dieser Jonas von *TeleG11*?«

»Nicht mehr.« Jonas winkt Lili zu sich heran. »Aber sehen Sie es positiv. Ich spiele kein Instrument. Ich kann nicht singen. Jeder Regenwurm ist ein besserer Musiker als ich. Dafür habe ich da jemanden bei mir, den Sie unbedingt kennenlernen sollten.« Er drückt Lili das Telefon in die Hand. »Für dich. Vermassle es nicht.«

Mit einem »Hab was zu erledigen« schiebt er sich an der erstaunten Biggi vorbei, hinaus aus der Wohnung, die Treppe hoch, zur Tür, hinter der sein Zuhause ist.

»Ich möchte mit dir reden«, sagt er zu Vater, den er im Büro findet. »Und ich möchte, dass du mir zuhörst. Einfach nur zuhörst.«

Er muss sehr eindringlich und überzeugend klingen, denn Vater lässt für ein Mal das Poltern und Ausrufen. Jonas redet in eine ungewohnte Stille hinein. Über den Vorkurs an der Kunstschule. Über Mama und das Hochzeitssilber. Über Emma und die Arche. Über Luftschiffe und Träume und das, was für eine Familie wichtig ist.

Vater hört die ganze Zeit zu und sagt kein Wort. Auch nicht, als Jonas fertig ist. Ganz still sitzt er da.

Jonas lässt ihn allein mit seinen Gedanken. Es gibt einen Spruch über das Säen und das Ernten. Jonas hat gesät. Wie die Ernte ausfallen wird, liegt nicht nur an Vater, sondern an ihnen allen.

21

Die Jünger haben in Erwartung der Boten der Erlösung ihre Zelte abgebrochen. Der Platz vor Balthasars Haus ist gespenstisch leer; einzig die riesige Stahlröhre ragt als Bindeglied zwischen den Welten in den Himmel. Danuser wuselt zum mindestens hundertsten Mal durch die von Gero entworfenen Kulissen. Weiße Tücher an Wäscheleinen, die den Platz wie eine künstliche Mauer auf drei Seiten eingrenzen. Nur gegen den Wald hin ist er offen.

Hinter der Tücherwand ist der Aufbau abgeschlossen. Scheinwerfer, Lautsprecherboxen, Mikrofone und eine Musikanlage, alles in einem uralten Lieferwagen herangekarrt von Lilis Musikerfreunden, stehen an ihrem Platz. Im Haus warten Mitglieder vom Fantasy-Klub *Elbenleben*, die begeistert auf Lilis Plan eingegangen sind und sich auf einen Auftritt in voller Verkleidung freuen.

Ein Testlauf der Show lag nicht drin. Balthasar hat zwar die gesamte Jüngerschar unter dem Vorwand eines letzten Spaziergangs auf Erden in den Wald gelockt und versprochen, sie vier Stunden lang auf Trab zu halten, doch Lili und Jonas wollen nichts riskieren. Sie haben genau eine Chance, und die dürfen sie nicht vermasseln.

Angespannt starrt Jonas in die Dämmerung hinaus. Noch wenige Minuten, dann wird es dunkel.

Balthasar ist genau im Zeitplan. Aus dem Wald dringen leise Stimmen.

»Hörst du? Sie kommen«, flüstert Lili.

»Ja.« Jonas' Stimme quietscht.

Die Geräusche werden lauter, die ersten von Balthasars Jüngern strömen in Richtung Säule und nehmen nach und nach den ganzen Platz ein. Die meisten von ihnen schweigen ehrfurchtsvoll, ein paar murmeln Verse vor sich hin. Als Balthasar auf die Kanzel neben der Säule tritt, verstummen sämtliche Geräusche.

»Die Zeit ist gekommen!«, dröhnt seine wuchtige Stimme über die Köpfe seiner Anhänger. »Ihr werdet in wenigen Minuten den Boten der Erlösung gegenüberstehen. Seid unser und ihrer würdig und empfangt sie mit offenen Herzen und Ehrfurcht.«

Er hebt die Hand. Das ist das vereinbarte Zeichen für Gero. Ein Scheinwerferlicht geht an und beleuchtet den Kopf der Säule. Weitere kleine Lichtkegel in verschiedenen Farben folgen. Sie gleiten die Säule entlang nach unten und tauchen Balthasar in ein Meer von Farbtönen. Aus den Lautsprechern klingen die Glockenschläge von *Hells Bells*. Sogar Jonas, der weiß, dass da nur AC/DC und nicht die Boten der Erlösung am Werk sind, stellt es die Haare auf den Armen auf. Bei jedem Schlag treten zwischen den Tüchern wundersame Wesen mit langen blonden Haaren und spitzen Ohren hervor. Die Gitarren setzen ein, und die Elben bilden einen Kreis um Balthasars Gefolgsleute.

Ein Scheinwerferkegel richtet sich auf eine der Gestalten. Sie löst sich aus dem Kreis und schreitet durch die sich teilende Menge auf Balthasar zu. Als sie bei der Kanzel ankommt, blendet die Musik ganz langsam aus.

Das wundersame Wesen hebt die Hände und spricht mit Lilis warmer Stimme. Verstärkt durch Lautsprecher und angereichert mit viel Hall, schweben die Worte wie Federn über den Zuhörenden. »Wir kommen von weit her, um euch die frohe Botschaft zu verkünden. Ihr seid die Auserwählten. In unserem Licht werdet ihr scheinen.«

Ein Raunen geht durch die Menge. Alle Augen sind auf die leuchtende Gestalt gerichtet.

»Wir fühlen uns geehrt, dass ihr bereit seid, die Reise mit uns anzutreten. Doch ...« Das Wesen hebt die Hände. »Eure Zeit ist noch nicht gekommen. Beeindruckt von eurem Mut und eurer Entschlossenheit, hat der große Weise entschieden, dass euer Wirken hier auf Erden von herausragender Bedeutung ist. Es ist eure Aufgabe, aus dieser Welt eine bessere Welt zu machen. Es ist eure Aufgabe, für die Schwachen und Benachteiligten zu sorgen. So gehet hin und tuet Gutes. Noch heute. Jetzt. Traget Glück und Freude hinaus in die Menschheit, und ihr werdet dereinst reich belohnt werden.«

Die Lichter flackern und gehen aus. Musik aus dem Film *Herr der Ringe* erfüllt die Luft.

»Moment mal!«, ruft einer der Jünger. »Woher kennen die Boten der Erlösung *Herr der Ringe*?«

Jonas hält den Atem an.

»Und warum hängen da Leintücher?«

»Das waren ganz normale Scheinwerfer!«

»Hat jemand von euch das UFO der Boten gesehen?«

»Betrug!«

Der Rest geht in allgemeinem Geschrei unter.

Jonas rennt zu Gero, der wie angewurzelt bei den Scheinwerfern steht. »Anmachen!«, schreit er. »Schnell!«

Keine Sekunde zu spät gehen die Lichter an. Auf der Kanzel werden Balthasar und Lili von aufgebrachten Jüngern bedrängt.

»Mikro!«, ruft Jonas.

Ein ohrenbetäubendes Pfeifen erklingt aus den Lautsprechern. »Könnt ihr mich hören?«, schallt gleich darauf Lilis Stimme über den Platz.

Die Frage löst eine weitere Welle empörter Rufe aus.

»Okay, Leute. War ein Versuch«, sagt Lili. »Hat nicht geklappt. Ich fürchte, Balthasar wird euch die Wahrheit erzählen müssen.«

Der Endzeitler räuspert sich. »Ich ... Es ist so ... Ich habe mich geirrt. Sie kommen nicht, die Boten der Erlösung. Nicht heute. Nicht dieses Jahr und noch lange nicht.« Balthasar zeigt auf Lili. »Dieses wunderbare irdische Wesen hier hat recht. Unser Auftrag ist es, auf der Erde Gutes zu tun. Das habe ich zu spät verstanden. Ich bedaure, dass ich zu feige war, euch das zu sagen. Aber jetzt ...« Er schaut in die Runde. »Jetzt habe ich den Mut, und ich sage euch: Es genügt nicht, im Wald zu meditieren. Es reicht schon gar nicht, einem vermeintlichen Guru zu folgen. Gutes zu tun bedeutet, den Mitmenschen gegenüber ein offenes Auge und ein offenes Ohr zu haben, zu helfen, wo man helfen kann, mit Taten, nicht nur mit noblen Worten.« Balthasar legt eine kleine Pause ein. »Ich werde hier beginnen, in diesem Winkel der Erde, zusammen mit den Bewohnern dieses Dorfs. Ihr aber, geht hinaus in die Welt und haltet dort inne, wo ihr gebraucht werdet. Ich ... ähm ... Ich habe geschlossen, ich meine, ich bin fertig.«

Alles in allem war das gar keine schlechte Rede, denkt Jonas. Hinter ihm räuspert sich jemand. Jonas dreht sich um und findet sich Auge in Auge mit einem langhaarigen Jünger, der ihm bekannt vorkommt.

»Erinnerst du dich an mich?«, fragt der Mann. »Wir sind uns im Wald begegnet, und du warst traurig.«

Der blonde Spinner! Jonas nickt.

»Geht es dir besser?«, fragt der Mann.

»Ja.« Jonas fühlt sich leicht wie eines der Lili-Wörter, die immer noch in der Luft hängen, auch wenn man sie nicht mehr hören kann. »Ja«, wiederholt er, »mir geht es besser. Tut mir leid, dass wir euch reinlegen wollten.«

»Da war in der Tat nicht sehr nett«, antwortet der Mann. Ein Lächeln gleitet über sein Gesicht. »Aber die Botschaft gefällt mir.« Verschwörerisch beugt er sich vor. »Das Mädchen, war das eine Elbin aus *Herr der Ringe*?«

Jonas lacht. »Beinahe. Ich sag's mal so: Der Elben-Fanklub stand Pate bei der ganzen Sache.«

Der Mann schaut ihn verwirrt an. Bevor er seine Frage stellen kann, kommt Jonas ihm zuvor. »Man sieht sich«, verabschiedet er sich.

»Man sieht sich.« Der Mann hebt die Hand und verschwindet im Getümmel.

»Die Jünger ziehen ab«, verkündet Grundinger. »Viele wollen noch heute Abend weg von hier, der Rest wird morgen oder übermorgen folgen.«

Balthasar seufzt. »Dass ich mich so irren konnte!«

»Kann passieren.« Hämmerli klopft ihm auf die Schulter. »Ich bin froh, dass du nicht ins All abgezischt bist.«

»Wirklich?«

»Aber sicher. Wir brauchen dich hier.«

Jonas bemerkt die Tränen, die Balthasar in die Augen steigen, und wechselt schnell das Thema. »Gilt unser Deal trotzdem?«, fragt er Grundinger. »Auch wenn unsere Idee nicht funktioniert hat?«

»Wer sagt denn, dass sie nicht funktioniert hat?«, fragt Hämmerli mit einem listigen Grinsen im Gesicht. »Selbstverständlich gilt der Deal«, doppelt Grundinger nach. »*TeleG1* stellt seine Sendung ein, und der Endzeitzauber hat ausgezaubert.« Er greift in seine Jackentasche und zieht einen Umschlag hervor, der genauso aussieht wie jener, den Jonas über das Feuer gehalten hat.

»Ich habe ihm den nicht gegeben!«, ruft Danuser. »Keine Ahnung, wo er ihn herhat!«

»Das ist auch besser so«, erklärt Grundinger und macht dabei ein Gesicht wie ein zufriedener Kater.

Jonas starrt den Umschlag an.

»Willst du ihn nicht öffnen?«, fragt Hämmerli.

»Ich weiß, was drin ist«, antwortet Jonas.

»Das denke ich nicht.« Grundinger sieht immer noch aus wie ein zufriedener Kater. Wenn er diesen Gesichtsausdruck noch lange trägt, wird er sich daran gewöhnen und die Leute im Dorf damit erschrecken.

Leicht genervt reißt Jonas den Umschlag auf. Er sieht das Papier, das kein Briefpapier ist, und eine leise Ahnung lässt seinen Puls losgaloppieren. Seine Finger zittern, als er die Tickets herauszieht.

AC/DC steht da drauf. Auch nachdem Jonas die Augen zugekniffen und wieder geöffnet hat, steht immer noch *AC/DC* drauf. Er bringt keinen Ton heraus.

»Es gab da noch ein Viertens auf der Liste mit den Bedingungen«, sagt Grundinger. »Wir haben uns gedacht, es macht sich nicht gut, wenn ein Punkt offen bleibt.«

»Ja!«, schreit Lili. »Ja! Ja! Ja!« Sie fällt Jonas um den Hals. Jonas legt die Tickets auf den Tisch.

»Vier Stück?«, fragt Danuser.

»Ihr werdet dafür schon Verwendung dafür haben«, meint Grundinger.

»Haben wir«, antwortet Jonas. »Eins für Lili. Eins für mich. Eins für meinen genialen Freund Gero. Und eins für einen verrückten alten Mann, der eine Arche bauen will.«

»Heiliger Bimbam«, krächzt Danuser.

Aus den Lautsprecherboxen vor Balthasars Haus dröhnen die ersten Töne von *For Those About to Rock*. Wenn das mal kein Happy End ist.

Alice Gabathuler schreibt Geschichten für Kinder und Jugendliche. Meistens werden daraus Bücher, manchmal auch Hörgeschichten fürs Radio. Sie liebt es, Figuren zu erfinden, in ihre Welt einzutauchen und für eine Weile ihr Leben zu leben. Für *#no_way_out* wurde sie 2014 mit dem Hansjörg-Martin-Preis für den besten deutsch-sprachigen Jugendkrimi ausgezeichnet.

Mehr zu Alice Gabathuler:
www.alicegabathuler.ch

Mehr zu Heike Brillmann-Ede:
www.heike-brillmann-ede.de

Bisher unter dem Label *Cargo 44* erschienen:
Mörderbruder
Abhauen ist was für Feiglinge

Mörderbruder

Jay und Luca hätten nie zurückkommen sollen. Zurück in dieses Dorf, in dem sie keine Chance auf ein neues Leben haben, weil das alte sie verfolgt. Nun ist es zu spät. Im Kieswerk liegt ein Toter. Vom tatverdächtigen Luca fehlt jede Spur. Für die Polizei ist Jay ein möglicher Komplize, für die Leute im Ort ein krimineller Mörderbruder, für die Medien die perfekte Story.

Doch da ist Sarah. Stark und mutig. Nicht bereit, alles zu glauben, was man sich über die Brüder erzählt. Und obwohl eine Menge gegen Jay spricht, steht sie zu ihm. Gemeinsam nehmen sie den Kampf auf und suchen nach Luca und der Wahrheit.

Erschienen bei: BoD – Books on Demand
Label: Cargo 44
Seiten: 212

Abhauen ist was für Feiglinge

Sie nennen sich Skinny, Outlaw und Zodiac. Zusammen sind sie die ZORROZ. Die Helden der Sprayerszene.

Nun wollen sie durch eine gewagte Aktion zur Legende werden. Ihr Schriftzug prangt schon beinahe fertig hoch oben am Turm. Da rast ein Wagen direkt unter ihnen gegen einen Baum.

Was tun? Weil Abhauen etwas für Feiglinge ist, entscheiden sich die ZORROZ fürs Helfen. Und plötzlich stecken sie mitten in einer Geiselnahme.

Erschienen bei: BoD – Books on Demand
Label: Cargo 44
Seiten: 100